Una inspiradora historia de vida:
¡la mía!

NACIDA PARA VIVIR SIN LÍMITES
De donde vengo… no determina hacia dónde voy

7 Claves y 1 poder
para transformar una enfermedad
en salud, equilibrio y bienestar

Abigail Contreras Macías
2022

NACIDA PARA VIVIR SIN LÍMITES
7 Claves y 1 poder para transformar una enfermedad en salud, equilibrio y bienestar
Abigail Contreras Macías
IG: @abigailcontrerasoficial
FB: Abigail Contreras Macías
2022

Consultoría y mentoría del proceso de escritura
Proyecto TODOS PODEMOS ESCRIBIR UN LIBRO
(Programa: *Escribe tu libro en 40 o 70 días*)
Rosangela Rodríguez Garrido
www.rosangelarodriguez.com
IG: @rosangelaescritora5

Gráficos:
Abigail Contreras Macías

Ruta de Acompañamiento para Autopublicación del Escritor Independiente:

Lector cero:
Ydilia Rodríguez
IG: @Ydirodriguez

Editor. diseño y maquetación de textos:
Rayza E. González R.
IG: @rayelengonzalez

Diseñador de portada:
Esther Figueira
IG: @giallografico

Ilustrador:
Luis Jesús Vargas
IG: @tuckprogress

Montaje en la plataforma digital:
Luis Jesús Vargas

Acompañamiento lanzamiento en plataforma digital:
Equipo multidisciplinario

Dedicatoria

Con la bendición de Dios delante de mí,
tengo el privilegio de dedicar esta obra
con todo mi corazón:

A mí misma, por ser sin límites
y tener la fortaleza de transmitir mi historia.

A mi amada madre, Patricia Macías,
por haberme enseñado a amar
y a ser valiente ante la vida.

A Diego Jiménez, mi pareja,
por darme su amor incondicional,
su comprensión, paciencia
y ser cómplice de mis sueños.

A mi familia y amigos,
por su compañía y apoyo.

A todo aquel que tiene la valentía de mirar atrás
para tomar impulso.

A quien continúa, a pesar de la adversidad.

A quien busca aprender de las experiencias.
A quien se abre a las posibilidades.

Solo a quien tiene el valor de ir hacia su interior
y cree en una nueva oportunidad,
hoy regalo cada letra pulida como un diamante
y me inspira decir que, en este instante,
el diamante eres tú.

Con amor, Abigail

Agradecimientos

Personales

El tiempo me ha permitido disfrutar de una agradable cosecha, a pesar de las circunstancias. Siento infinita gratitud con la vida por darme la oportunidad cada día de deleitarme de todas sus bondades lo cual agradezco a Dios, quien es mi fuente de sabiduría y me permite ser lo que soy, iluminando mi mente y fortaleciendo mi corazón.

Exalto profunda gratitud a mis padres, Patricia Macías y Juan Contreras, por haberme dado la vida, y a mis familiares en general por los aportes invaluables que me han permitido ser una mujer con virtudes; a los padres de Diego, doña Vilma Muñoz y don Hugo Jiménez, por su indescriptible bondad al haberme abierto las puertas de su hogar, justo en las situaciones más desafiantes que he tenido que transitar. Su apoyo incondicional ha sido inconmensurable y en medio de la naturaleza me ha permitido pasar del desafío a un clímax de inspiración.

Del mismo modo me es imposible dejar de agradecer a las siguientes personas:

A mis hermanas, Vanessa Contreras Macías, Fiorella Briones Macías, Esther, Israel y Génesis Contreras Contreras. A Elena Catillo, Jennifer Vélez, Cristina Contreras, Iván y Leonardo Barahona, Edwin Navarro, Lissette Solis, Kelly Olivares, Emanuel Petao, Lilibeth Chancusi, Katiusca Litardo, Carlos Aspiazu, Margarita Barcia, Darío Jiménez, Loyde Alarcón, Mery Zambrano, Alfonso Villavicencio, Alfredo Jiménez, Carlos Anchundia, Víctor Echeverría, Freddy Salazar, Mirian Moyano, Alexi Muñoz, María Fernanda Núñez, Tatiana Anchundia, Antonio Quiroz, Carlos Avilés, Hilda Zancos, Elías Morocho, Anthony Cevallos, Digna Intriago, María Gutiérrez, Danny Jiménez, Peggy Chacín, Evelyn Garrido, Carlos González, Maytee Espinoza, Nadia Áñez, Beatriz Santeliz, Jamens Díaz, Cecilia Bedetti, Ingrid Santeliz, Johanna de Jesús, Irina Sorrels, Armando Colmenares, Verónica Ortega, Sandy Mireles, Diana Albornoz, Felicia de Marín, Luz Sánchez, Pablo Santamaría, Geugeny Gamero, Tonny Salinas, Marjoric Martínez, Ángel Vargas, Deibis Colmenares, Joan Zurilla, Laura Rivera, Larissa Briceño, Doris Velásquez, Vanessa Durán, Lidia Ribera, Maigualida Nieto, Valiushka Torres, Marilyn Martino, Yosireg Rincón, Miguel Plazas, Cristina Martínez, Andreína González, Génesis Ereu. Así como a las familias Rosado Aguirre, Jiménez Sánchez y Jiménez Pozo; Yubi La Huerta, Mónica Méndez, Aída Betancourt, Ángel y Clara González, Elany Arce, Pilar Vera, Roberto Galindo, Kollins Briones, Julio Haz, Pilar Arreaga, Otton Betancourt, Francisco Ramírez, Oscar Olvera, Marlon Fiallo, María José Cercado, Jimmy Álvarez, Amparo González , Criss Martínez, Mauro Rodríguez, Alejandro García, Macarena Cárdenas y Stalin Coronel, y demás amigos y conocidos, por haberme extendido su mano fraternal y llenar de esperanza mi existir.

Profesionales

Quiero agradecer al señor Servio Fernández, CEO de Coaching Hub, quien vio un potencial en mí que yo desconocía. Gracias a su cooperación, me becó la institución que representa y tener hoy los conocimientos que me permitieron ver más allá de mi realidad y conectar con mi talento me condujeron a transmitir mi historia. Puedo decir que soy privilegiada porque de todos los habitantes del universo, yo —en los adentros de un lugar rural, en una condición vulnerable, pero con fuertes deseos de superación—, fui bendecida por ellos.

Agradecida con mi mentora Rosangela Rodríguez Garrido, quien, con su proyecto TODOS PODEMOS ESCRIBIR UN LIBRO y su programa *Escribe tu libro en 40 o 70 días,* me guió para transformar mis ideas en palabras y las palabras en este libro, permitiendo que pudiera disfrutar al máximo este proceso.

Al Estudio fotográfico Villegas Borja, por su predisposición, paciencia y servicio durante toda la sesión fotográfica.

A Luimar Zabala @carocasdigital
Creadora de mi logo

A Mary Lou Adarme y María José Estévez,
por haberme aportado su valiosa retroalimentación
como lector cero.

A Irwin Cadenas, Armando Matiz,
Rafael Puebla y José Strongone,
por sus enseñanzas.

A Martha Prewitt, Scarlett Lerperger, Loredana Cusanno,
Marlene Maseda y a Milenia Pereira,
por sus palabras de contribución, apoyo y confianza.

A quien me impulsó a escribir mi libro, Iris Miranda.

A las neurocoaches Verónica Díaz y Susana Rodríguez,
quienes con sus sesiones me pasaron a la acción
y me aclararon que, aunque tenía una profesión,
necesitaba un neurocoach.

A Gloricel Méndez, Rosa Argüello,
Diana Albornoz y Rosa Gámez,
con quienes compartí mi proceso de escritura
y estaban al tanto para cumplir con mi compromiso.

¡GRACIAS!

Prólogo

Feliz y bendecido día para ti. Si este libro llegó a tus manos, seguramente es porque tienes algo que aprender sobre la resiliencia, la valentía y el amor. Todos tenemos una historia que contar y una situación que vencer.

Abigail nos expone con facilidad parte de sus adversidades; nos relata cómo logró revertirlas desde su poder interior, enfrentando cada reto con valentía, alegría, hidalguía, energía y, sobre todo, en sintonía con sus emociones.

Abigail, gracias por llegar a mi vida y permitirme contribuir con tu crecimiento personal, así como tú has contribuido en mi vida con tu calidad humana. Pocas personas tienen un corazón tan noble como el tuyo.

Estoy seguro de que Dios premiará todos tus esfuerzos, y convertirá tu experiencia en una historia poderosísima para inspirar a otros a que siempre hay una posibilidad cuando tienes fe y das el paso para intentarlo con determinación.

Hoy puedo decir que Abigail es una constructora de sueños y que, a pesar de sus circunstancias, ha podido crear un mundo de posibilidades a su alrededor siendo ella misma, entregando al Universo sus dones y propósito. Para muestra de ello, este libro representa parte de sus sueños con los que materializa algo que tenía en su alma y que seguramente tiene una finalidad más grande para el mundo.

Me quedo con un par de frases que aparecen en esta poderosa historia: "Entendí en aquel momento que la fuerza del amor es una energía que trasciende cualquier obstáculo", y la verdad es que lo siento igual. El amor todo lo puede, todo lo transforma. Muchas veces olvidamos que el amor es un sentimiento universal y se manifiesta desde cómo nos sentimos en nuestro interior. El amor es un poder que vive en nosotros y muchas veces lo distorsionamos desde nuestras creencias, que vamos adaptando en el camino.

Con esta segunda frase que me dejó Abigail en su historia, cierro: "Si recuerdas el pasado, que sea para darte cuenta del gran potencial que llevas dentro". Muchas veces, al quedarnos anclados en el pasado no avanzamos hacia las bendiciones que nos tiene preparado el futuro. Cada circunstancia, obstáculo, traspié, debemos verlos como aprendizaje para que no nos limiten nuestro crecimiento y para hacernos más grande. Así lo demuestra Abigail en su historia de vida.

Este libro me conectó con agradecer más y quejarnos menos. En bendecir más y denigrar menos. La Fe y la esperanza son tu mayor impulso para ir hacia la construcción de tus sueños. Cuando crees desde el corazón, manifiestas. Para mí es un honor ser parte de este proyecto en el que he evidenciado el crecimiento personal y profesional de Abigail, al ser testigo de sus últimos dos años. Solo me queda invitarte a que te conectes con esta poderosa historia, para que la vida te sorprenda con sus bendiciones.

"Pon tu mente en tus poderes"

Servio Fernández
Neuro Energy & Business Coach
Autor del libro Ser para Em-Prender

Presentación

Imagina estar feliz, hablando en tu hogar. Imagina sentir que, sin razón alguna, comienzan a faltarte las fuerzas. Imagina que empiezas a sentir que el aire no llega a tus pulmones. Imagina que tu cuerpo no responde. Imagina observar a tus familiares con rostros de incertidumbre, mientras tu mente está consciente por completo de todo esto...

Esto no es un cuento de terror... Esta es mi historia. Me gustaría narrarte una experiencia que me sucedió hace seis años. Estaba limpiando tranquilamente la habitación que compartía con mi hermana menor y, de repente, sentí debilidad en mis hombros, me empezó a faltar la respiración y al término de dos horas ya estaba en un hospital, paralizada sin poder caminar y sin sentir mi cuerpo.

Hoy hago memoria de mis recuerdos y puedo asegurarte que durante todo el trayecto de mi vida he mostrado valentía ante las circunstancias.

Tomando un solo caso, recuerdo aquel día de invierno cuando, en medio de la brisa que humedecía mi rostro, me encontraba de rodillas sobre unas tapas metálicas, las de gaseosas, porque era obligada por un familiar, como castigo, y solo me permitía poner de pie cuando lograba aprenderme las tablas de multiplicar.

Eso, por nombrar lo primero que rememoré, pero esas escenas dolorosas para una niña como yo, aparentemente se repetían de otras formas.

Nunca imaginé que la valentía que desarrollé con ellas, me iba a preparar para el verdadero desafío que tiempo después me traería la vida.

Verme en una cama de hospital, sin poder mover un dedo, me aterraba; apenas con 25 años de edad, llena de aspiraciones, ya graduada de la universidad y, además, a tan solo dos pruebas para ingresar a la Policía Nacional del Ecuador, aquel día estando en casa y con aparente óptimo estado de salud, aquel martes 15 de abril de 2015, a las 9:15 de la mañana, mi cuerpo se bloqueó por completo y decidió no seguir respondiendo, desconoció mi voz interior y mis mensajes de la mente. Iniciaba el camino de vivir una discapacidad.

Esta experiencia ha sido un gran reto para mí porque, así como se paralizó mi cuerpo poco a poco, así también se diluyó mi vida y me trajo una lección sobre la que he estado trabajando los últimos años: aunque se evadan los desafíos, las dificultades pueden perseguirnos hasta los sitios concebidos como los más seguros.

Desde luego, yo vivía en una zona de confort contradictoria, ya que era una persona que evitaba hasta aprender a conducir una motocicleta para evitar caerme o algo por el estilo. Vivía en contradicción y pelea mental porque estaba en una carrera entre salir adelante y progresar, y al mismo tiempo me estaba comportando como un ser altamente sensible, viendo las cosas siempre como una posible amenaza, y eso no era beneficioso para la unión de la mente y el cuerpo.

No estaba siendo congruente con mi ser y esa forma de pensar prácticamente se fortalecía para crear, en la medida de lo posible, lo desfavorable. Sin embargo, cuando Dios nos cambia de dirección es porque algo mejor tiene para nuestras vidas; por tal motivo, cuando perdí la fuerza total en mi cuerpo no dudé jamás de su poder y misericordia, a pesar de ser consciente de todo lo que se vislumbraba en mi porvenir.

Hoy quiero escribirte a ti, sí, a ti, querido lector. A ti, que quizás estás pasando por una enfermedad, dificultad financiera, amorosa, de familia, en fin, por lo que sea que estés experimentando. Quiero decirte que si esa situación ya está instalada allí o acaba de aparecer, hay que enfrentarla y no puedes eludirla o, peor aún, dejarte dominar por la adversidad.

Quiero advertirte que sé que no es ni será sencillo, pero sí que es "trabajable".

Yo pasé de tener una visión clara de lo que quería alcanzar con vocación de servicio, a luchar por mi vida para renacer y trascender, pero esto no hubiese sido posible sin lo que a continuación vas a encontrar en estas palabras que nacen de lo más profundo de mi corazón y que las he diseñado para ti con la intención de que, si te es posible, puedan ayudarte a obtener todo lo que te propongas, a pesar de los obstáculos.

Hoy puedo asegurarte que no hay nada casual y que cada desafío es un aprendizaje… ¿Te gustaría conocer mi historia y lo que hice con este gran reto?; si tu respuesta es afirmativa, entonces que cada letra que a continuación leas sea una herramienta para convertir tu mente en tu mejor compañera de viaje.

Abigail Contreras Macías

Contenido

Parte 1: Una historia y muchos aprendizajes

1. De donde vengo… no determina hacia dónde voy, 21
2. Floreciendo la felicidad , 39
    a. Semillas de esperanza
    b. Sueños de una adolescente
3. Creyendo en el amor y los nuevos comienzos, 49
4. El impacto de una discapacidad, 63
    a. Cómo encender la fe en medio del dolor
    b. El poder de la actitud
    c. Cómo recuperar la sensibilidad corporal, luego de un trauma medular
    d. Tocando fondo
5. Amor en la adversidad, 87
    a. La discapacidad y el amor de pareja

Parte 2: Manos a la obra

6. Trabajar las emociones… puede salvarnos la vida, 101
7. Esto es solo un hasta luego, 143

PARTE I:

UNA HISTORIA... MUCHOS APRENDIZAJES

DE DONDE VENGO...
NO DETERMINA HACIA DÓNDE VOY

DE DONDE VENGO… NO DETERMINA HACIA DÓNDE VOY

¿Conoces tu historia por completo?
¿No?
¿Tienes idea de cuán importante es cada tramo de tu vida y de cómo la viviste aún sin saberlo?

Me cuenta mi mamá que cuando yo tenía un año y cinco meses de edad, por causa de una caída, me lesioné el lado izquierdo del cerebro lo cual me daba pocas esperanzas de vida. ¿Ves cómo los desafíos han marcado mi vida desde mi más tierna infancia?... Hoy reconozco que saber sobre mi vida me ha permitido comprobar que Dios tiene un propósito para ti y para mí. Por tal razón, en lo que a mí respecta, la vida me permitió descubrir que yo tengo el poder de disipar la oscuridad y encender la luz, llevándome a caer en cuenta que, a pesar de los obstáculos, todo depende de mí.

Ahora bien, antes de detallar cada suceso, sus implicaciones y enseñanzas, quiero transmitir mi historia. Soy fruto del amor de dos jóvenes enamorados, Frank y Luisana, ambos de origen mestizo (raza montubia perteneciente a la costa ecuatoriana del pacífico).

Mi padre, de alta estatura, contextura gruesa, con cualidades de galán, un poco rebelde, mujeriego y apasionado, empírico de instalaciones eléctricas, actividad laboral que lo llevaba a viajar de una ciudad a otra. Mi madre, una adolescente consentida de su padre, con figura de modelo, inteligente, de piel blanca que lucía con la hermosura de su cabello castaño, que se balanceaba con la elegancia del movimiento de sus caderas.

Ambos vivían por el mismo sector y solían transitar el mismo pueblo cuando salían a realizar diligencias desde las sabanas de las llanuras, en las que a largas distancias se podían apreciar el ganado, caballos e inmensas extensiones de arroz. En un ir y venir, con un lenguaje que caracteriza al montubio —distinto y atractivo con muchos amorfinos, bello género musical de la costa ecuatoriana— flecharon sus corazones y unieron sus lazos de los que concibieron dos hijas: mi hermana menor, Adel, y yo.

Al inicio de su compromiso parecía que todo iba bien y esa relación iba a ser duradera. Vivían en una casa de campo que construyeron en un valle, tierras que pertenecían a mi abuelo materno, pero cuando nació Adel, por causas que desconozco, dieron por terminada esta relación juvenil y cada quien tomó su camino. Allí comenzó la desintegración familiar. Luisana, con tan solo diecinueve años de edad, y la gran responsabilidad de tener que sustentar a dos hijas, decidió pedir colaboración a nuestros abuelos para que nos cuidaran; ellos, por su parte, tenían hogares diferentes.

Hogares desarticulados, niñas separadas, vidas marcadas

Mi madre se fue a trabajar como secretaria a una empresa de aviación para poder suplir nuestras necesidades, que iban desde pagar a una persona para los quehaceres domésticos. Cada mes enviaba una determinada cantidad de dinero a mi abuelo (hogar donde yo estaba), además de llevar todo lo necesario a casa de su mamá, donde vivía con Adel y compartía su rutina, luego de llegar de sus ocupaciones.

Un día por la mañana, entre el ajetreo cotidiano de las actividades del campo, aconteció la siguiente anécdota: habiendo cumplido dieciocho meses de edad, me encontraba con mi abuelo en su casa que era de madera, de construcción alta. Yo estaba explorando de un lugar a otro intentando dar mis primeros pasos apoyada en un objeto… Aquella mañana sucedió algo inusual, relata mi amado y cariñoso abuelo… Yo, por tratar de agarrar una botella plástica en la que envasan leche, me deslicé por el balcón y caí de cabeza hacia un muro de piedras que se encontraba aproximadamente a tres metros de altura. Asombroso, ¿verdad? Puedes imaginar que siendo tan pequeña y con un cuerpecito tan frágil, esta caída me causó una fuerte lesión en el lado izquierdo del cerebro. Lo increíble es que no fallecí.

Mi tío, hermano mayor de mi mamá, que solía pastorear el ganado cerca del lugar, se percató de lo sucedido y de inmediato subió a su caballo y a todo galope se dirigió a comunicarle la noticia a mi mamá que, al enterarse, y en medio de la desesperación, buscó al médico más cercano. La vivienda se encontraba en un lugar del campo muy apartado de la ciudad, razón por la que mi abuelo se adelantó y en su vehículo me llevó al médico.

Llegué al consultorio en medio de convulsiones. El pronóstico de vida y las noticias no eran muy alentadoras. Luego de muchos intentos, aquel especialista decidió aplicar una inyección y le expresó a mi querida madre las siguientes palabras: "Luisana, si Abigail logra reaccionar con normalidad después de este trauma…, será un milagro".

Tanta fue la espera y profundas las oraciones que, pese a la grave situación, mi cuerpecito retomó el aliento. Mi adorada madre y abuelo habían vivenciado un milagro como resultado de su petición. No tardó mucho tiempo cuando volví a jugar por toda la casa, ahora con mayor precaución de los adultos.

Ya era un milagro

A veces o, quizás siempre, la vida misma es un milagro

El tiempo siguió su marcha y el destino ya mostraba que mi vida tenía una misión que iría más allá de lo que en ese momento era mi entorno familiar e, incluso, yo misma podía imaginar siendo tan pequeña. Me cuidaban y protegían en demasía, actitud que hoy en día —analizando minuciosamente mi vida— me hizo concluir que quizás esa era la causa por la cual yo me trataba de cuidar sin siquiera existir peligro y tomar la actitud de sobreproteger a mis seres queridos.

Con esto no quiero decir que tú dejes de estar atento con tus hijos si llegan a pasar por una experiencia delicada… Adonde quiero llegar es que como familiar o cuidador debes evitar mantenerlos en estado de alerta permanentemente; en lugar de ello, te recomiendo les enseñes, como verdadero acto de amor, habilidades importantes, por ejemplo: haz que el niño vea en ti autoconfianza, sé un ejemplo de optimismo, diles palabras potenciadoras y de reconocimiento por cada logro, la comunicación es vital, enséñale límites y acompáñalo en la manifestación de sus emociones.

Por nada del mundo permitas que reprima lo que siente; estos son puntos que puedes considerar y te aseguro que aun siendo pequeño lo estás guiando a crear conexiones neuronales que le van a permitir demostrar lo mejor de sí mismos, a lo largo de su vida.

Siguiendo con mi historia… Pese a todo acontecimiento, mi familia era mi mundo y se ocupaban de que estuviera bien. Cuando cumplí cinco años de edad, mi visión empezó a disminuir. Mi madre, aunque yo vivía con mi abuelo, siempre velaba por mi bienestar. Preocupada por el nuevo suceso, me llevó a especialistas en la ciudad de Guayaquil para analizar mi situación. De acuerdo con estudios realizados, el oftalmólogo consideró que la causa era debido al golpe que había sufrido a más temprana edad y me recomendaron usar lentes. También sugirió que tampoco debía estudiar "nunca más" para evitar todo esfuerzo mental.

Aquel diagnóstico desencadenó cambios acelerados, claro está. Mientras tanto, me encantaba disfrutar de la naturaleza, caminar por los senderos humedecidos por la lluvia, acostarme en la hierba y ver el cielo jugar con las nubes, apreciar la labor de las hormigas que a inicios de invierno cargan provisiones. Podía pasar horas en el campo, donde me entretenía con cada maravilla que me encontraba. Parte de mí circulaba en medio de los manglares, en ropa ligera y sin regaño alguno.

Porque en la vida lo único permanente es el cambio

¡Era feliz, muy feliz!..., pero una tarde estaba sentada en la escalera observando a mi abuelo que ponía a los terneros en el corral, cuando a lo lejos, en un caballo, se acercaba mi abuela galopando. Jamás había venido y con ello trajo una noticia: mi mamá la enviaba por mí.

Ese día sentí mucha tristeza, mis ojos se llenaron de lágrimas que fluían por mis mejillas y sentía en mi corazón un palpitar que parecía salir por mi piel, mientras era sometida para subirme al corcel y empezó a fluir por mi mente un mar de emociones. Pensaba en que no volvería a ver a mi abuelo con su gran sombrero, en que ya no disfrutaría de sus juegos en la hamaca luego de las comidas e, incluso, sentarme a su lado cuando íbamos de paseo en su carro. En fin, no tuve otra alternativa más que la de obedecer, mientras divisaba a lo lejos aquella casa en donde habían transcurrido los primeros cinco años de mi vida. Se acercaba el reencuentro con mi hermana Adel y con todas las personas que vivían allí, aparte de mi mamá.

Las preguntas en mi mente eran muchas y mis miedos eran mayores

Hoy comprendo que la desintegración familiar ocasiona muchos conflictos emocionales y que, aunque los adultos expresan: son niños y se acostumbran rápido, siento decirte que la verdad es que una situación como esa impacta la vida de un chiquillo, —tenía cinco años— sin olvidar que la formación del subconsciente se adquiere durante los primeros siete años de vida a través de las creencias, actitudes y comportamientos de nuestro entorno. Estos datos se graban en nuestro cerebro y llevan a controlar nuestra biología a lo largo de nuestra vida. La buena noticia es que eso sí se puede cambiar y te compartiré cómo yo lo logré transformar a través del perfil de mi metodología PEA

(Pensamiento, Emoción y Acción) cuya información te comparto más adelante de forma minuciosa.

Llegué a casa de mi abuela. Era de dos pisos, de construcción mixta, con flores en las ventanas y plantas que le hacían dar una imagen agradable al lugar. Llegó el momento de entrar y mi hermana Adel estaba entretenida con unos juguetes. Sentía que ella era el punto de atención, pero no sabía el porqué.

Caminé por el pasillo y llegué al comedor, allí estaban sentados Lucy, Eduart y Sucy (hermanos de mi mamá); al verme, se levantaron y me dieron la bienvenida con abrazos y halagos. Llegaron las seis de la tarde y empezó a llover. Unos minutos más tarde entró mi mamá que retornaba del trabajo, me dio un beso sublime en la mejilla y yo también lo hice, pero mis ojos estaban enrojecidos. En mi mente solo tenía el pensamiento de regresar a casa de mi abuelo, a pesar de que el entorno me era familiar.

Llegó la noche, Lucy prendió un televisor adaptado a una batería y se acomodaron en sofás de estilo contemporáneo mientras iluminaban la casa con grandes mecheros artesanales; todos se preparaban para ver el programa Sábado Gigante que conducía Don Francisco. Aún recuerdo cuando El Chacal de la Trompeta, en el concurso de canto, se llevaba a los participantes que no identificaban la letra de las piezas musicales.

De repente, mi hermana empezó a toser incesantemente. Yo me había bañado y estaba en la habitación poniéndome el pijama, escuché un bullicio en casa y cuando salí a mirar qué pasaba vi a mi mamá apresurada tomando a mi hermana en sus brazos, subiendo a un caballo y marchándose a toda velocidad. En mi mente solo existía confusión. Lo único que hice fue subir a un mueble y mirarla por la ventana hasta que la oscuridad de la noche, en medio de la lluvia, la desdibujó y se perdió por completo de mi vista.

Esa noche fue una de las más largas de mi vida. Luego supe que mi hermana era asmática y había expulsado sangre por la boca. Me explicaron que siempre le daban crisis y solo sería posible sanarla con una vacuna. Gracias a Dios, mi mamá la consiguió posteriormente.

Al día siguiente, mi tía Sucy, con la manera cariñosa que la caracteriza, tomó mi mano y al ritmo de mis pasos me guió al jardín y me explicó que la decisión de mi mamá de traerme a casa de mi abuela era porque le preocupaba mi salud y aquellas palabras del médico cuando le indicó que no debía estudiar. Esta plática me dio tranquilidad y, sin yo saberlo, estos eran signos de tener una mentalidad flexible. Entendí la causa de la inquietud de mi madre y, reconsiderando su posición, por ese motivo decidió tomar acción: me inculcó nuevos hábitos y me ordenó que aquellos lentes solo los dejara de usar para dormir y bañarme.

A decir verdad, los lentes eran un poco exagerados, aunque necesarios para lograr ver y seguir disfrutando de las bellezas de la vida. Tenían un grosor como el de la luna, enormes como la base de una botella. Por ellos pasé por lo que llaman bullying, porque en aquel tiempo transmitían la novela *Yo soy Betty, la fea*, y así me llamaban. Sin embargo, mi mamá nunca cedió y me decía: "Usted no haga caso de nada; concéntrese en que algún día dejará de usarlos, porque usted se sanará". Estas palabras eran como combustible para mí, pues, aún siendo pequeña, cada vez que me las decía me hacían sentir bien.

A pesar de aquel diagnóstico y sugerencia del especialista, mi madre, con todo y sus posibilidades y condiciones económicas, cierto día llegó del trabajo con un juego de libros de fábulas infantiles. Recuerdo que era lindo, de color rosa, y traía dos cassettes. Con mucho amor, cada día se sentaba junto conmigo y Adel, y nos ponía las melodías mientras nos leía. Poco a poco, día tras día, me iba entrenando mentalmente.

Aquello era como sumergirse en dulce miel, tan agradable, que tan solo recordarlo me llena de felicidad. De esa forma, no pasó mucho tiempo para que el aprender a leer se hiciera parte de mi primer aprendizaje.

La valentía y el amor por la vida... como tarjeta de presentación

Desde ahí empecé a mostrar que era valiente y que no tenía límites. Mi mamá me inscribió en una escuela a la que asistía caminando y en los días de lluvia iba en caballo. Los trayectos eran largos, pero yo los recorría feliz. Incluso, caminaba mucho más porque no olvidaba a mi abuelo y al salir del plantel, en lugar de ir a la nueva casa, me iba adonde él y lo abrazaba muy fuerte. No me importaba la distancia, ya que el solo caminar por esas tierras hasta el roce del viento lo sentía diferente. Sin embargo, me iban a buscar, hasta que poco a poco dejé de ir a casa del abuelo porque, de lo contrario, me había dicho mi abuela, me castigaría.

Con el transcurrir del tiempo descubrí que Salomé, mi abuela, parecía ser una mujer de carácter fuerte, pero en realidad guardaba en su ser un espíritu alegre. De ella floreció en mí el gusto por los pasillos de Julio Jaramillo; eran imperdibles durante las mañanas y los sintonizaba en un pequeño radio ubicado en la mesa del comedor, que siempre estaba a todo volumen y ella bailaba al compás de la melodía mientras cumplía con sus quehaceres.

Poco a poco fui adaptándome a mi nuevo hogar. Y es que mi mamá era fanática de los buenos momentos. Cualquier cosa de rutina la convertía en una ocasión especial. Por ejemplo, cada vez que iba a teñir su hermoso cabello de color rubio, nos llevaba a Adel y a mí trajeadas con lindos vestidos a tomar fotografías.

Parecíamos princesas, cosa que pueden demostrar varios álbumes de fotos con los que revivimos tantos gratos recuerdos.

Realmente, nos divertimos al ver en ellos las imágenes de las fiestas de cumpleaños que nos celebraba con lujo de detalles. Es gracioso apreciar que entre los niños invitados, globos, bolsas de regalo, guirnaldas, en su mayoría, salgo con cara de enojada ya que, a decir verdad, no me gustaban los retratos, a diferencia de Adel que siempre salía sonriendo.

Pero algo que sí me encantaba, y lo tengo atesorado en mi mente, era que cuando mi mamá se iba al salón de belleza yo también elegía mi silla, me acomodaba y pedía que me cortaran el cabello y diseñaran un flequillo que, junto a mis grandes ojos, rostro rectangular y los lentes, era la causa de la comparación con el famoso personaje de la novela que anteriormente mencioné.

Desde pequeña me enamoré de la vida, mi pasión era caminar por el campo, ver las aves y jugar con Adel que, con el primer canto del gallo nos despertábamos, nos poníamos nuestras botas, cogíamos un jarro y nos parábamos frente al corral donde ordeñaban las vacas para tomar la espuma de la leche calentita. Nos fascinaba recoger frutas. Recuerdo que siempre Adel era más arriesgada, porque se subía a los árboles sin importar la altura, era tan decidida que cuando decía: "esa fruta me gusta", iba por ella.

Yo era totalmente lo contrario. Le temía a las alturas y prefería cosechar, andábamos a caballo casi todos los días, y en medio del campo nos encantaba deslizarnos de la montura y rebotar sobre el pasto del ganado.

El invierno era fenomenal porque la casa quedaba como si fuera una isla: las fuertes lluvias causaban inundación y se formaban vertientes que pasaban de un lado a otro, cosa increíble porque con claridad podía verse cómo los peces cruzaban; de otras tierras traían ganado y se preparaban grandes cantidades de queso, que incluso aprendimos a elaborar.

Recuerdo que colocaban la leche en un recipiente de veinte litros, le agregaban el suero fermentado y dejaban reposar por media hora; de allí se formaba una sustancia gelatinosa, que era señal para introducir la mano y hacer fricción con los dedos hasta que todo se desmoronaba, se tapaba por diez minutos hasta que en la base se asentaban los trozos y, por última vez, lentamente se introducían las manos para ir formándolo de manera redondeada; posteriormente, se coloca en un recipiente para agregar la sal y este era el complemento para servir el desayuno con plátano asado.

Acontecimientos que movieron fuertemente el piso de mi corta vida

Inocencia truncada

El tiempo siguió su curso, mi mamá en su trabajo, mi abuela en la cocina, nosotras estudiando. Cierto día llegó un hombre al que consideraban amigo de la familia. Este hombre era un ser inescrupuloso, depravado y con malas intenciones. Se aprovechó de mi inocencia y en varias ocasiones tocó mis partes íntimas. Yo, sin saber qué hacer, estaba asustada. Aquello me sembró miedo e inseguridad, teniendo apenas siete años de edad.

El día que me había armado de valor para contarle a mi mamá lo sucedido, ella llegó precisamente con mucha felicidad motivada en el trabajo y con brillo en sus ojos a darle una gran noticia a mi abuela:

—Mami, gracias a Dios me han propuesto un ascenso en el trabajo y para esto debo estudiar los dos últimos años de secundaria.

Por supuesto, yo no quise opacar su felicidad con mi relato, pero sin dejarla terminar y sin siquiera escuchar las palabras llenas de entusiasmo que mencionaba mi trabajadora, soñadora y joven madre, de más o menos veintiséis años de edad que tan solo buscaba lo mejor para nosotras, mi abuela le respondió:

—Yo no te voy a cuidar más a las niñas. Tú verás qué haces con ellas; incluso, desde hoy busque lugar a dónde ir.

Llena de asombro y sin saber qué había hecho mal, mi madre me arregló, inmediatamente, tomó sus cosas, llamó a un taxi y nos marchamos. Mi hermana Adel se quedó hasta que mi mamá encontró un lugar seguro.

En el camino, entre lágrimas e incertidumbre, mi madre no sabía adónde ir, se comunicó con una amiga y ella nos recibió en su acogedora casa.

Una decisión forzada

Yo solo acariciaba la cabeza de mi madre mientras la veía preocupada y llorando. Estuvimos por un tiempo en la casa de la amiga, pero esa hospitalidad no duró mucho y, al verse sola y sin apoyo, a pesar de nunca haber querido imponernos un padrastro, decidió comprometerse con un hombre apuesto y muy bueno dentro de sí, de nombre José.

Salimos de una ciudad a otra y luego pasamos a vivir en casa de campo, de construcción antigua de madera, en medio de una finca entre árboles de fruta, cacao y madera. Adel vino con nosotras para comenzar a estudiar en una escuela cerca de allí, al igual que yo. En la escuela empecé a mostrar dotes de ser buena estudiante y, aunque estábamos en diferentes cursos, Adel y yo jugábamos juntas con frecuencia en las horas de receso; siempre cuidaba de ella, era empática porque tenía en mi mente todo lo que ella había pasado y en lo que a mí respecta me encantaba participar en las obras de teatro, estar en medio de la multitud y en mi ser se creaba una ligera sensación que me llenaba de dicha cuando escuchaba las palmadas de los presentes.

El nuevo hogar era acogedor, ya que estaba en medio de la naturaleza y se sentía mucha tranquilidad. En todas las estaciones, invierno y verano, consumíamos mandarinas, naranjas y guayabas. Mi mamá construyó una granja porcina y, además, criaba aves de corral; cada fecha festiva, como día del niño, cumpleaños o Navidad, íbamos a donde mi abuela que se encontraba a hora y media de casa para pasar reunidos entre tíos y primos.

En realidad, llevábamos una vida próspera. Adel y yo jugábamos con nuestra bicicleta en una loma, nos ubicamos en la copa y bajábamos a toda velocidad. Era adrenalina pura, los cabellos nos volaban y parecía que el viento nos levantaba; reíamos sin parar.

Sin embargo, como toda experiencia en la que se toman decisiones precipitadas o no se logra conocer a profundidad a las personas, debo decir que los primeros años todo parecía normal, un hogar lleno de "felicidad", pero jamás nos imaginamos mi mamá, hermana y yo lo que más adelante sucedería.

Transcurrieron los días, y él —José— mostraba afecto por nosotras; incluso, lo convertimos en nuestro papá. De repente, el entorno hogareño fue cambiando… En un vaivén entre estudiar y las ocupaciones del hogar de mi mamá, empezó a sentirse un ambiente de estrés ya que cada ocho días empezaba a llegar alcoholizado nuestro "papá". La persona que mi madre había elegido para que la ayudara en la crianza de sus hijas y en quien ella depositó su amor, de príncipe se había transformado en sapo.

A pesar de mi corta edad, me gustaba analizar a las personas y un aspecto que me llamó la atención era que cuando José no estaba ebrio era buena persona, pero cuando se juntaba con sus amigos se convertía en un ser oscuro, malintencionado y se dejaba influir por ellos. En la actualidad, entiendo que también tenía un impacto emocional que lo llevaba a tener ese comportamiento. Provenía de una familia con padre maltratador, su madre trabajaba para darles educación a él y a sus hermanos. No lo controlaban y su conducta juvenil siempre fue rebelde, aunque de adulto muy preocupado por el bienestar de su madre.

A fin de cuentas, a pesar de todo tampoco se podía justificar su personalidad. Pienso que no importa quiénes son los causantes de esas heridas; quien tiene la responsabilidad de sanar y hacer consciencia es la propia persona, en este caso José, que en aquellos tiempos se oponía a toda costa a cambiar sus hábitos.

Y, por si fuera poco, para completar la delicada situación, cierto día lluvioso de invierno cuando el reloj marcaba aproximadamente las 12:30 am, nos encontrábamos regocijadas en nuestra cama, placenteramente dormidas cuando de pronto escuchamos un golpe de gran magnitud en la puerta y ruidos de varias personas, específicamente hombres. Ese día fue el inicio de las tantas noches más largas de nuestras vidas, cuando vivenciamos aquello que jamás habíamos visto y empezábamos a vivir.

Con el miedo a flor de piel, y con gran incertidumbre, mi hermana y yo nos abrazamos, mientras mi madre se aproximaba a la puerta a ver qué sucedía. Empezamos a escuchar gritos fuertes que aludían a ¡Luisana!, el nombre de mi madre; en ese instante notamos que era la voz perdida en el alcohol de mi padrastro, que llegaba a casa con sus amigos como si aún fuera un hombre libre y soltero.

Mi madre, sin pensar lo que luego sucedería, abrió la puerta y expresó: "Buenas noches a todos; entra José, te dejo la puerta abierta". Y de nuevo regresó a la cama, y sin poder dormir porque el alboroto era tan fuerte, que permanecimos despiertas. Ellos continuaban allí y luego de un rato mi padrastro exclamaba:

—¡Luisana!, ¡Luisana!... ¡Levántate! Ponte a cocinar para mis amigos en este momento.
—Ponle orden... —Sugerían los amigos, mientras reían a carcajadas.

Mi madre simplemente no se levantó, sin considerar la situación tan lamentable que íbamos a vivir a los pocos minutos.

Transcurría la noche —una de las más largas de nuestras vidas—, por unos instantes se percibió un silencio escalofriante. En cuestión de segundos, sentimos entrar a José que venía en dirección al cuarto, justo a la cama de mi madre. La agarró y empezó a golpearla; nosotras, pasmadas de miedo al ver una situación que no sabíamos cómo enfrentar, clamábamos por ayuda, llorábamos, y aquellos hombres parecían disfrutar de nuestro llanto. Corríamos de un lado a otro como si estábamos en una competencia. Parecía que no encontrábamos el fin viendo tanto dolor frente a nosotras.

En medio de todo nos llenamos de valor y como dos fierecillas le caímos encima para tratar de apartar a José, y liberar a nuestra madre de aquel terrorífico momento. Por supuesto, que no podíamos. Nuestras fuerzas eran diminutas frente a tanta energía oscura. No se daba por vencido y continúo golpeándola hasta cansarse. Con tan solo una pequeña oportunidad, logramos empujarlo y salimos corriendo.

Esta historia se repetía con mucha frecuencia. De cualquier manera, lo único que me permitía tomar la calma sobre estos eventos era mantener la esperanza de tener buenos momentos a futuro y recordar los vividos. Ello me fortalecía y procuraba que Adel también lo hiciera para tranquilizarse. Sin embargo, dentro de mi ser sentía miedo, pues aún yo era muy pequeña como para tomar decisiones.

> *En la actualidad, de acuerdo con los estudios en Ecuador y el mundo, se cree que la violencia intrafamiliar va más allá de motivos causados por alcohol, drogas o mostrar dominio y jerarquía.*
> *En esta época, como resultado de la pandemia, surgen otras problemáticas como el desempleo, dificultades económicas y estrés.*

De allí que para poder cambiar esa realidad, la persona debe hacer consciencia y empezar a valorar lo que aún posee buscando alternativas en lugar de conflictos. Las pesadillas parecían no terminar. Un día habían llegado familiares a visitarnos. En ese momento, se encontraban afuera recogiendo frutas. Yo aún no iba a acompañarlos porque estaba realizando mis tareas escolares, cuando llegó un hombre llamado Raúl y me dijo:

—¡Buenas tardes!
—¡Buenas tardes! —Le contesté—. Dígame, ¿en qué puedo ayudarle?
—Que dice don José que le envíe unas herramientas. —Solicitó.

Yo fui a buscarlas, pero no las encontré.

—He buscado, pero no están. Quizás las dejó en otro lugar.

El hombre se fue y yo terminé mis actividades; cerré la puerta de la casa y fui por la bicicleta para encontrarme con mi madre y los familiares.

En el camino venía mi padrastro y sin preguntarme o decirme algo, traía en su mano un cinturón... Me azotó hasta cansarse. Quedé tirada, sin reaccionar, totalmente desconcertada, en medio de las hojas de naranjos, y mis piernas por encima de la bicicleta.

Al cabo de un rato con lágrimas en mis ojos, sollozando, me levanté y caminé lentamente. Se me hizo el camino más distante que hubiera podido transitar en mi corta vida. Llegué y no podía hablar para relatar lo acontecido, siendo el propio José quien no tuvo compasión o el más mínimo sentimiento de comentar, que él me pegó solamente porque no le había enviado la herramienta que me pidió.

Aquel día arreglé mis cosas y una tía me llevó con ella por unos días hasta que pasara la tormenta en casa, aunque la verdad, dentro de mí sentía que en lo más mínimo quería volver.

**Por ahí ya iniciaba a acumular
o reprimir mis sentimientos**

Para un niño es complicado decidir qué puede hacer de todos modos, dado que tarde o temprano tenía que volver a casa. De la misma manera, puedo señalar que en los últimos tiempos concluí que cada prueba que enfrenté, aun siendo pequeña, la superé. Quién me iba a decir que la sabiduría de Dios frente a las situaciones que se me fueron presentando era para preparar el camino, para adquirir todas las habilidades para cuando llegaran los momentos en los que se debería tener el verdadero carácter, aunque hoy en día reconozco el impacto que tiene ocultar nuestras emociones y es la razón que me impulsó a narrarte mis memorias.

Si la vida se describiera en terribles momentos…
esa época sumó años en días.

Eso era solo el principio.

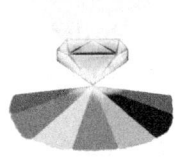

ARCOÍRIS DE DIAMANTES

De mi vida y experiencias… aprendizajes valiosos para ti

Con cada cierre de capítulo, voy a crear el **ARCOÍRIS DE DIAMANTES** con el cual te entregaré un resumen que te permita regresar a la herramienta clave que deseo que te lleves de cada trazo de mi historia.

DIAMANTES

Cuando te resistes a cerrar ciclos dolorosos y los revives en tu mente con frecuencia, creas desesperanza, tristeza e, incluso, perjudicas tu salud.

ARCOÍRIS

Un estudio realizado por neurocientíficos de la Universidad de Leicester, Inglaterra, concluyó que una proteína llamada neuropsina se encarga de desatar la respuesta del cerebro a eventos traumáticos. Esta proteína se encuentra en la amígdala cerebral y causa una serie de eventos químicos en el encéfalo que, a su vez, conducen a que la amígdala aumente su actividad y, como consecuencia, activa un gen que hace manifestar el estrés en el ámbito celular. Si esto no se controla a tiempo, puede generar situaciones que podrían desencadenar en enfermedades.

CARBONES

La clave para renacer frente a cualquier situación, en primer lugar, está en que te permitas iluminar tu ser, depositando la confianza en Dios y aceptar la opción de ser feliz. Pero ¿cómo se logra dar ese paso?... Más adelante lo descubrirás; será una cápsula que te llevará a comprender y te daré las herramientas que me ayudaron a trascender.

FLORECIENDO LA FELICIDAD

FLORECIENDO LA FELICIDAD

Cierto día, el amanecer nos deslumbró nuestros sentidos con una magnífica noticia. Se había abierto una luz al final del túnel, una forma en la que poder vivir sin miedos sería la puerta para conectar con nuevas experiencias liberando nuestros corazones de aquellos fatídicos momentos de angustia.

Mi mamá había elegido apostar por su amor propio: desintoxicarse de aquellos sometimientos emocionales y darse una nueva oportunidad, esta vez pensando en que ya no debía soportar humillaciones a cambio de que la sociedad viera que tenía una familia, puesto que simplemente llevaba una vida de apariencias. Ahora, había decidido emprender sola con nosotras, sin necesidad de tener a un hombre a su lado que no la valorara ni apreciara su amor.

Es así cómo recogimos nuestras pertenencias con tanta prisa porque lo único que queríamos era ser felices. Adel y yo nos abrazábamos, jugábamos, cantábamos y nos sentíamos libres como dos palomitas liberadas de una jaula en la que quizás tuvieron comida, pero muy poca tranquilidad.

Llegó el vehículo y llenas de alegría procedimos a subir nuestras cosas e irnos sin el más mínimo interés de voltear hacia atrás. Luego de una hora de camino, llegamos a una casa pequeña, pero que nos llenaría de buenos comienzos. Descargamos y ayudamos a ordenar todo, nevera, cocina, juego de comedor, armario, televisor y nuestras camas; la de mi mamá y la que yo compartiría con Adel, que ubicamos una en cada dormitorio ya qué había dos habitaciones. Aquella noche dormimos como si nunca lo hubiésemos hecho: sin temor, en calma, felices.

Seguidamente, mi mamá nos inscribió en una escuela ubicada cerca de casa, en la que solo recibían niñas. Allí detecté una nueva destreza y me interesé por el basquetbol... Todos los días me dedicaba a entrenar este deporte, mientras mi hermana, que le encantaba bailar, no se perdía el entrenamiento para sus coreografías. Otra de las actividades que me encantaba realizar con Adel eran las manualidades; elaborábamos peluches con felpa, tejidos y bolsos con rejillas.

En vista de que nuestra amada madre se encontraba trabajando en labores agrícolas, nuestra rutina diaria, luego de hacer todas nuestras responsabilidades escolares, era ayudar en los quehaceres del hogar. Llegábamos, tomábamos un baño, almorzábamos, realizábamos nuestras tareas y nos dedicábamos a hacer pequeñas tareas, como lavar la ropa o limpiar la casa para cuando llegara mi mamá, entre algunas otras; todo ello para que mi mamá estuviera ligera y pudiera descansar de su larga faena, lo cual era casi imposible porque siempre buscaba qué hacer. Durante las tardes, daba permiso para ir a jugar en un parque frente a la casa donde vivíamos. Además, cada día estábamos a la expectativa de la llegada de Ángel, su hermano menor y socio de los trabajos. Nuestro tío era muy juguetón y nos prestaba su bicicleta a las dos para ir al centro del pueblo a comprar unos deliciosos granizados y gaseosas.

Así pasábamos días maravillosos e incluso mi mamá, muy motivada, se puso a estudiar y culminó sus estudios secundarios, se abrió a las posibilidades y conectó con aquellos sueños que antes aspiraba a alcanzar.

**A veces lo bueno dura poco,
por eso hay que atesorarlo mientras está**

Semillas de esperanza

Vivir el presente es parte de las habilidades innatas de los niños, y delante de nosotros ya veíamos señales que nos permitían evolucionar de alguna manera. Cierto día, Adel y yo nos encontrábamos de vacaciones en casa de mi tía Sucy a quien nos encantaba visitar en los meses de mayo, porque su forma de ser era muy hospitalaria y con su manera contagiosa de reír nos divertíamos sin parar. Estábamos felices en aquel lugar jugando en el río con muchos amigos de la comunidad. Había adultos y niños disfrutando de los agradables momentos que nos regalaba la vida. En lo que respecta a nosotras, parecía que nuestra libertad iba a perdurar, pero todo se convirtió en instantes esporádicos de felicidad; el sueño nos duró solamente veinticuatro meses. Frente a nosotros se avecinaba una nueva oportunidad que nos llevaría a crear un modelo de personalidad extremadamente diferente y complejo.

Un presagio junto a una rutina de angustias

Luego de las vacaciones, al volver a casa después de un mes, nos encontramos con la novedad de que nuestra mamá había decidido volver a creer en las palabras de amor de José, quien la pretendía galantemente. Al apreciar esto, yo la miraba tratando de comunicarle que no era lo que nosotras queríamos, mientras que Adel, llena de ira, se sentó en una esquina de la cama sin decir nada. Pero ya las decisiones estaban tomadas.

Es así cómo regresamos a vivir en "familia". Todo parecía fluir normalmente, aunque la única persona en esa relación que se veía feliz era nuestra mamá. Planificaron todo como adultos y retomaron la vida en un nuevo lugar, una villa ubicada en un área rural cerca de la ciudad. Tiempo después nos emocionó la noticia que llegaría un nuevo miembro a la familia. Una ilusión en medio de todo, pues José perdió su empleo y para subsistir Luisana tuvo que tomar el mando; aún sin saber qué hacer, de esta manera se desempeñó como comerciante para solventar nuestros estudios.

Siendo ya adolescentes, Adel de 11 y yo de 12 años, mi mamá siempre buscaba darnos lo mejor que podía dentro de sus posibilidades, por lo que fuimos a estudiar a uno de los mejores colegios ubicado a media hora de casa. Recuerdo que a mí me acompañó durante una semana, no obstante su estado de embarazo... En realidad, los primeros días me daba miedo ir sola. Cada comienzo trae uno o varios desafíos, pero nada es imposible de enfrentar si se ve el lado positivo. La vida nos entrega momentos de felicidad, que muchas veces son como una luz que opera entre encendido y apagado. De aquellos momentos oscuros o grises tenemos que sacarle el mayor provecho posible y darnos cuenta de lo que aún nos queda por delante para disfrutarlo.

Durante las tardes, luego de llegar del colegio, teníamos que realizar actividades exigentes, pero a la vez entretenidas. Una de ellas era extraer agua de un pozo de aproximadamente veinte metros para llenar cuatro tanques. Recuerdo que mientras cumplíamos con esta tarea, teníamos una radio y durante unos minutos nos turnábamos para que Adel pudiera escuchar reggaetón con la música de Don Omar, y yo dejaba el tiempo restante para escuchar baladas y pasillos. Una de mis pasiones, y que considero un don que Dios me ha dado, es mi voz, por lo cual siempre me gustaba cantar e imitar a los artistas... y, cuando lo hacía, mi hermana Adel se reía a más no poder. Y sin olvidar los magníficos momentos cuando íbamos con nuestra madre a lavar la ropa al río.

No tardó mucho tiempo cuando empezaron los momentos de angustia otra vez, dado que, cuando llegaba, el silencio era acompañado de lágrimas..., muchas veces escondidas a mitad de la noche entre plantaciones de plátano y con frío, por la lluvia que trataba de limpiar nuestro sufrimiento y calmar el latido de nuestros corazones. En una de estas escenas, yo me quedé paralizada y simplemente lloraba; me sentía sumergida en un pantano del cual no creía poder salir. Esta reacción alarmó a todos. En ese momento se asustaron y pudieron lograr reanimarme con alcohol. Cuando retomé la conciencia, por primera vez le dije a mi mamá:

—Madre, te amo, pero prefiero no tener qué comer, qué vestir; incluso, prefiero no tener un techo donde vivir, pero quiero que seamos felices.
—No tenemos adónde ir —me respondió y simplemente me abrazó.

De este período podría resaltar algunas sentencias que me parecen de importancia:

- Hoy defino mis expresiones como el origen de las creencias que me llevaron a entender el valor que le daba a la felicidad.
- Mientras mi mamá consideraba no tener un lugar adónde ir, yo seguía afirmando que sí era posible escapar una vez más; sin embargo, en mi inconsciente estaba almacenando información limitante.
- Nuestra mente no entiende si hablamos en pasado o futuro; simplemente, vive el presente, y yo, en ese momento, lo desconocía; estaba anhelando ser feliz, pero mantenía un lenguaje negativo como, por ejemplo: "no quiero esto o aquello" lo cual no era coherente ni congruente; por tanto, estaba muy lejos de crear una nueva realidad.

Sueños de una adolescente

Al escuchar las palabras de mi mamá, en ese instante me prometí que estudiaría y sería una gran profesional porque de adulta la ayudaría en lo que requiriera. También sentía que lo hacía por mí, ya que por tantos factores tampoco me veía pasando algo similar. Por primera vez había sentido un poder: el de la resiliencia que nacía dentro de mi ser. Es así como enfrentando tantas experiencias se definieron la identidad y personalidad de Adel y la mía: yo me convertí en una persona sensible, poco expresiva de mis sentimientos, pero con una fuerza de voluntad inquebrantable; no quería relacionarme con los hombres porque los comparaba con todos cuyas características de modelos mi entorno me mostraba. Muy poco me arreglaba; de hecho, el único peinado que siempre me hacía era una cola con una trenza.

Adel era todo lo contrario: andaba a la defensiva, respondía sin pensar en el impacto de sus palabras, era coqueta y enamoradiza.

Siempre que iba al colegio quería verse bien arreglada, con aretes, maquillada y su forma de vestir era siempre con prendas que mostraban su silueta. Lo que más amo de ella es que es una persona con la cual nunca paras de reír, siempre se inventa algo para hacer el día diferente. Siento que ambas buscábamos una alternativa que nos permitiera esconder nuestros miedos. Así vivíamos varias etapas en el ir y venir de las ocupaciones que iban desde ayudar a cuidar a la bebé, que ya había nacido, atender los cerdos, moler maíz para los pollos, cortar paja para los cuyes, dejar baldes llenos y luego irnos al colegio.

El hacer muchas tareas a la vez fue una labor histórica. Luisana se dedicaba a preparar los alimentos para ir a vender a la escuelita cerca de casa y con eso ayudar con la alimentación, estudios, vestuario, vitaminas o medicinas, si se daba el caso de enfrentar alguna enfermedad, porque ya éramos tres pequeñas que necesitábamos su atención. Cuánto le agradezco a mi madre y de ella he aprendido la habilidad de reinventarme, ser fuerte y darle con todo a la vida.

Una lucecita llegó para alumbrar la oscuridad del miedo

Entre tantos retos, ocurrió algo sorprendente y es que desde el nacimiento de Juliana, una niña hermosa con cabello rizado color dorado, ojos grandes y redondos, de contextura gruesa y juguetona, José cambió en algo. A pesar de que continuaban las palabras agresivas, dejó de existir el maltrato físico hacia nuestra mamá. Al menos, eso nos dio un respiro a nosotras, una tranquilidad a ella y un beneficio a Juliana, quien no tuvo que enfrentar lo que nosotras vivimos. Su llegada también hizo sacar a flote el amor que en realidad sí existía en el corazón de José; tanto fue así que hasta se destacaba con sus cualidades culinarias y preparaba deliciosas comidas en fechas festivas.

Siempre habrá esperanzas
y quizás nunca sabremos de dónde vienen

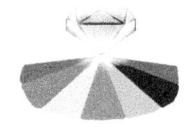

ARCOÍRIS DE DIAMANTES

DIAMANTES

Las repercusiones que tiene el vivir en un ambiente de violencia intrafamiliar traen consecuencias que generan un fuerte impacto en todas las áreas de la vida de una persona, lo cual da la apertura a trastornos psicológicos como ansiedad, depresión y dificultades emocionales.

ARCOÍRIS

Mejorar tu calidad de vida es posible si buscas las condiciones propicias alineadas a tu realidad para que te permitan crear convivencias saludables, con el fin de conseguir bienestar físico, mental, emocional y espiritual.

CARBONES

Cada una de las elecciones que tomamos envían señales químicas que se filtran en nuestro cerebro, que se moldean año tras año. Es por ello que si la persona se propone abandonar las experiencias desagradables, distinguir y modificar aquellas creencias que la mantienen encadenada integrando nuevos aprendizajes, puede conseguir la suficiente inteligencia emocional para resolver los conflictos que se le presenten, sin señalar ni juzgar a nadie, tomando la responsabilidad, dejando a un lado el victimismo.

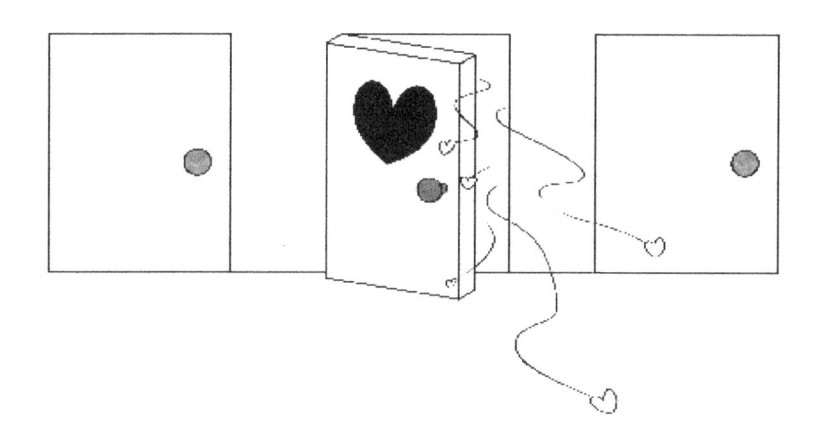

CREYENDO EN EL AMOR
Y EN LOS NUEVOS COMIENZOS

CREYENDO EN EL AMOR
Y EN LOS NUEVOS COMIENZOS

> *"Somos más grandes de lo que creemos,*
> *más ilimitados de lo que podemos soñar".*
> *Joe Dispenza*

Cuando se tiene la certeza de que eso que quieres sí es posible y abres los brazos para recibir, suceden cosas realmente extraordinarias. ¿Recuerdan que la caída me llevó a usar lentes e, incluso, según los médicos, debía dejar de estudiar o esforzar mi mente? Bien, ocurre que ni lo uno ni lo otro. Dejé de usar lentes y también estudié mucho, y esforcé mi mente para superarme cada día más. El papel de una buena madre jamás es negligente, y con el amor que la caracteriza durante ocho años me llevó a los controles médicos anuales con el oftalmólogo.

Cuando cumplí los trece años de edad, por gracia y bendición divina, el médico me dijo que los lentes ya no eran necesarios porque veía perfecto y que la verdad, no se explicaban el porqué de esa recuperación completa de la vista.

En ese momento fue una gran noticia y la felicidad se me veía a flor de piel…, sin poder imaginar lo que acontecería doce años más tarde. Mientras tanto, mi actitud, como siempre ante la vida, fue y ha sido con optimismo. Es por esa razón, a pesar de haber vivido en un ambiente de violencia intrafamiliar, abuso infantil y desafíos físicos de salud, algo dentro de mí me llevó a perseguir y lograr alcanzar la vida que sentía debía merecer siempre.

Creyendo en el amor y en los nuevos comienzos

Cuando superé todas estas barreras, a mis 18 años, justo cuando me gradué del colegio, ¡llegó el amor! El amor como una expresión única, esa expresión del amor entre hombre y mujer. El amor filial lo experimentaba con mi madre, mis hermanas y mi querido abuelo. Este nuevo amor brindaba una diferencia y fue el contexto en el que lo recibí para experimentarlo, dándome un motivo más para despertar cada día con las fuerzas increíbles de enfrentar el mundo.

En medio de mis circunstancias, llegó Diego. Lo conocí a través de mi hermana, un día saliendo del colegio. Yo estaba dando los exámenes de grado y de camino a casa debíamos tomar un bus.

Yo acostumbraba a sentarme en los asientos de adelante, pero ese día todos estaban ocupados y los últimos eran los disponibles, por lo que me ubiqué en el de la dirección de la ventana, mi hermana en el centro y al otro extremo estaba él junto a un amigo. Adel, con su personalidad entusiasta y amistosa, empezó a platicar con el amigo de Diego, y debido a que él no participaba de la conversación comenzaron a bromear. Adel comentaba: "pero sí es igual a mi hermana" … porque él ni yo expresábamos ni una palabra.

Entre risas y más, el amigo le contaba que venían de la universidad, que estaban por egresar de sus estudios de Ingeniería de Horticultura y Fruticultura y, mientras se desarrollaba la conversación, mi hermana le dijo que ella estaba haciendo un huerto en el colegio y que quería comprar tierra orgánica para el sembrado. Quedaron de acuerdo y, por lo visto, entrelazaron una amistad. Así, fluyó el camino y Diego se quedó en la primera estación, luego mi hermana y yo nos quedamos más adelante, mientras que Daniel, el amigo, continuó su viaje.

Un sabio dijo: *"Lo que está destinado a suceder… siempre encontrará una forma única, mágica y maravillosa para manifestarse"*.

Transcurrieron varios días y llegó el momento de que le llevaran lo acordado para el trabajo estudiantil de Adel, mientras que yo me encontraba rindiendo el examen de Geografía Turística del Ecuador. De repente, escuché que gritaban mi nombre:

—¡Abigail, aquí está Diego!, ¡Abigail!, Abigail! —Una y otra vez.

Recuerdo que el profesor tenía un carácter fuerte, su nombre era Mauricio Torres y era el más temido por todos en el colegio. Yo sufría. Sabía que era mi hermana…. No entendía su actitud, ella sabía de mis exámenes. De pronto, en medio de la ejecución de la prueba, el maestro indicó:

—¡Si la Abigail que tanto nombran está aquí, por favor, que le diga a esa lora que luego verá a su Romeo!

¡Ay!, Dios mío, yo me levanté muy avergonzada, caminé hasta el balcón y le dije que al terminar el examen hablaríamos. La vergüenza era porque nunca en mis años escolares había experimentado algo relacionado con un chico y, para colmo, lidiar con las mofas y silbidos de mis compañeros. Esto era una sensación como de "trágame tierra". Entonces, luego de aproximadamente treinta minutos terminé el examen y supe que Daniel le había comentado a mi hermana que Diego le había conversado sobre mí. Pero yo, por todo lo que traía internamente, sentía temor de relacionarme con él.

Además, percibí otra cosa que antes no me importaba, y es que mi forma de vestir era muy conservadora: yo usaba el uniforme muy ancho, la falda cubría por debajo de mi rodilla y los calcetines casi tocaban el hilván y, como cereza del pastel, siempre me ponía unos anteojos de lectura —aunque ya no los necesitaba— pues se me hizo costumbre usar lentes. Entonces, en mi diálogo interno circulaban preguntas como "¿quién se va a fijar en mí?".

El asunto es que Diego estaba allí y cuando culminé el examen tenía que enfrentar, sí o sí, aquel temor y, de repente, sin darme cuenta, estaba cerca, muy cerca de mí. Emparejamos el paso y continuamos caminando hasta la estación. Yo me mantuve a casi un metro de distancia, vigilando que no me viera algún conocido de mi mamá. Eran muchas las tensiones. De todos modos, intercambiamos nuestros nombres; hubo risas porque me empezó a preguntar por mi manera de vestir y, como mi actitud siempre ha sido flexible y empática, no me incomodaba de ningún modo. Así se iba construyendo el amor que sobrepasó limitaciones años después.

> *"Tus creencias no son más que contratos sentimentales que has firmado cuando niño con tu familia".*
> Alejandro Jodorowsky

A partir de ahí se activó en mi ser algo trascendental, que me trasladó a conectar con el mayor de los sentimientos: el amor y, de hecho, en todos lados veía parejas enamoradas. A él cada día me lo encontraba en la parada del bus y ¿saben lo que yo hacía?... En cuanto lo veía, tomaba en mis manos las preguntas de los test y, simulando que las leía, me empezaba a sentir fría y me sudaban las manos. Estas sensaciones aumentaban cuando se sentaba a mi lado. Tampoco puedo negar que sus ojos cafés me impactaban con cada mirada.

Continuó transcurriendo el tiempo y en todo ese último mes de secundaria lo vi diariamente; empezaba a atraerme su forma de ser, su manera formal de vestir, su capacidad madura de ver la vida, su humildad y su físico, su piel trigueña y alta estatura.

En estos frecuentes encuentros, en cierta ocasión me preguntó:
—¿A cuál universidad irás a estudiar?
—Me iré a Guayaquil y viviré con mi papá, —le respondí.
—¿Cómo así? —Indagó sorprendido.

Entonces, le comenté que era lo mejor y no le di más detalles. La verdadera razón se centraba en que yo no quería enamorarme, porque ya tenía una misión que cumplir: ser una profesional para ayudar a mi mamá. "Quiero que seas mi enamorada, ¿aceptas?", me preguntó con entusiasmo de todas formas. Me quedé sin habla, pero terminó con unas palabras que ya me mostraban su más poderosa cualidad: su paciencia. "Tranquila, te espero hasta que lo decidas".

A los pocos días me gradué; mi mamá y los padres de Loyde, Carlos y Margarita, mis amigos más cercanos, programaron una fabulosa reunión que disfruté mucho.

Al día siguiente procedí a arreglar mis maletas, y con muchas emociones partí a otra ciudad dejando a mi mami y al chico que me hacía sentir diferente. Con respecto a Luisana, tenía la seguridad de que cada fin de semana retornaría y la abrazaría. Pero con él, no tenía idea.

Llegué a la gran ciudad y para mí todo era distinto, pero me abrí a lo nuevo sin olvidar aquel pueblo pequeño en donde crecí. Aquel miedo de adolescente que tenía y me impedía andar sola, ahora fue superado. Cada escenario que me mostraba la vida me estaba abriendo las puertas para darme cuenta de todas las cualidades innatas que me permitían superar los obstáculos con tenacidad, actitud que me llevó a construir una buena relación junto a mi papá y su nueva familia. Por primera vez iba a compartir con él luego de dieciocho años de habernos separado. Así que se formó una relación bonita, integral y sin juicios; mi comportamiento me permitió lograr una convivencia en armonía.

**Somos seres de luz con pureza interior
y para lograr la verdadera paz interna
debes liberar tu mente y corazón de resentimientos,
dolor, ira y orgullo.**

Transcurrieron varias semanas viviendo en la casa de mi papá, cuando un día me anuncia:

—Mi´ja, tienes una llamada.

Yo creía que era mi mami. No obstante mis 18 años, no contaba con un celular así que la llamada fue a la casa.

—Hola, buenas tardes, mami...

Casi me desmayo de la impresión porque jamás pregunté quién era y asumí que sería Luisana; para mí, la única probabilidad. Pero no... Era él, Diego, para preguntarme si le tenía la respuesta...

¿Sabes?... Le dije que sí, porque al fin pensé que estaba lejos y a lo mejor ni viajaría a Guayaquil por mí. Con el transcurrir del tiempo recapacité y descubrí lo perjudicial que puede ser una creencia, el impacto que una creencia puede causar en la vida de un ser humano; me resistía al amor por todo lo que había experimentado en casa y no necesariamente por falta de cuidados, porque mi mamá es experta en dar amor, me refiero al desequilibrio emocional que causa la violencia intrafamiliar. Sin embargo, Dios y la vida misma me llevaron a descubrir lo contrario.

Hoy puedo decir que he vivido en carne propia los avances científicos cuando explican que nuestra mente no entiende un no o un sí. Simplemente, toma la información como una realidad, independientemente de sí es positiva o negativa.

Me di cuenta de que relacionarme con un chico no era tan malo como pensaba y tampoco esta relación influye en que tengamos algún fracaso; al fin y al cabo, cada decisión depende de uno mismo. Él proponía y de mí dependía si aprobaba su propuesta. En mi corazón albergaba temor y en mi mente una pirámide de ideas, como "y si me enamoro y me caso, voy a fallar a mi promesa", "este hombre me puede dejar", y "¿si me pasa como a mi mamá?", etc... Estaba en un círculo vicioso de temores y pensamientos vanos.

Habían transcurrido dos meses desde mi respuesta afirmativa cuando Diego volvió a llamarme, esta vez para decirme que viajaría a verme. Entonces, lo acordamos porque, además de todo, tampoco tenía el carácter para decirle que no.

Es así que esa noche, a decir verdad, no dormí. Yo jamás me había reunido con un chico y volvía a recaer en pensamientos. Luego de una larga vela llegó el día; debido a esa desvelada, no tenía ni ganas de desayunar. Simplemente, me levanté, me arreglé; me puse una blusa negra, falda y sandalias, y me dejé mi cabello rizo suelto. Primero acudí a la universidad, aunque no presté atención a las clases y, de ser honesta, no lo comenté con ninguna de mis amigas porque sentía vergüenza. Era claro que había una dificultad psicológica.

Eran las once de la mañana cuando culminó la clase y me dirigí a nuestra cita acordada en un lugar lindo, frente a la ría, lleno de plantas y piletas donde se reflejaban los juegos artificiales. Era un lugar turístico: "El Malecón 2000", lo que luego se convirtió en el cómplice y testigo fiel de todas nuestras reuniones.

¡Sobresalto en mi corazón!... Él ya estaba allí y cuando llegué estaba sentado en uno de los asientos frente a la ría. Tenía ganas de regresarme, me temblaban las piernas y todo era muy complicado, pero continué porque también fue una pelea entre la lógica y mi corazón. Por último, me dije: "A ver, Abigail: no es un lugar cerrado, mira la gente a tu alrededor, ya tienes 18 años, continúa"...

Caminé hasta él y, a decir verdad, fue lo mejor que me había pasado en la vida. Me enamoró su sencillez, tranquilidad al expresarse y su manera auténtica de ser. Me sentí atraída con simplemente "escanearlo", pero no lo saludé con un beso, le di la mano, fui muy formal y sencillamente me acompañó.

Luego caminamos y me invitó a almorzar. Yo pedí algo ligero, sentía que no me cabía nada. En mi ser sentía un huracán de sensaciones, las mariposas en mi estómago fluían disparadas. Él actuaba diferente a mí, se mostraba más seguro.

El almuerzo fue como Dios manda, sin ninguna limitación cruzamos palabras de mi día y de sus actividades mientras yo miraba de un lado para otro temiendo que alguien conocido me viera.

—¿Tienes miedo de que te vean? —Me preguntó sonriendo.
—Sí, es la primera visita de alguien que apenas estoy conociendo —le respondí— y me puede ver algún amigo o un familiar.

Él respondió con mucha calma:

—No tienes de qué temer, no estás haciendo nada malo. —Trató de tranquilizarme.

Cuando lo dijo, realmente me relajé y logré olvidar al resto del mundo, y platicamos como grandes amigos alrededor de cuatro horas sin tomarnos de las manos, sin siquiera darnos un beso, nada de eso sucedió ese día. Nos despedimos, yo tomé el bus y él también. Ese primer día, cuando él llegó a su casa luego de tres horas del viaje de regreso, platicamos y todo funcionó sin juicio alguno, era como si tratara de expresar "antes de tocar tus labios quiero tocar tu corazón y antes de conquistar tu cuerpo quiero conquistar tu amor…". En realidad, muy dentro de mi alma, estaba enormemente feliz de aquel momento que compartí. Más adelante, la tecnología nos ayudó porque mi papá me obsequió un teléfono y ya teníamos contacto diario.

Al separarse es cuando se siente
y se comprende la fuerza con que se ama.
William Shakespeare

Las visitas a escondidas eran cada dos o tres meses. Solo en la tercera cita sucedió un besito, tocada de manos, abrazos, detalles. Siempre en el mismo lugar. El amor estaba entrando a mi vida, sin saberlo nadie más que los dos y, ¡Dios!, era magnífico, mágico, un sentimiento profundo, lleno de paciencia y compromiso porque en realidad salían muchos pretendientes en la universidad, pero jamás intenté fallarle.

Debido a que mi pasión siempre ha sido viajar, elegí seguir la carrera de Turismo y Hotelería, profesión que me permitió perder el miedo a relacionarme con las personas. Los eventos eran constantes. Viajaba anualmente por nueve días y uno de mis mayores recuerdos es el haber conocido el museo del Señor de Sipán, quien fue un antiguo gobernante mochica del siglo III, cultura que dominó el norte del Antiguo Perú. Me impresionó su historia.

Comentan que el Señor de Sipán estaba cubierto de oro, plata, cobre de pies a cabeza; el pectoral, con piedras semipreciosas y con collares de oro. Esto lo confirmé cuando visité el Museo Arqueológico de Tumbas Reales de Sipán, en la ciudad de Lambayeque, ciudad de la costa norte de Perú y capital del distrito y provincia homónimas en el departamento de Lambayeque. Fue una experiencia deslumbrante, jamás había visto tanto oro en un mismo lugar. Sumado a estos encantadores momentos, también disfrutaba de los deportes extremos como el rafting y tubing en las caudalosas aguas de los ríos en Gualaquiza ubicadas en la Amazonía Ecuatoriana.

En realidad, cada viaje lo vivía con intensidad. Desde las cascadas del Oriente, las playas de la costa, la mitad del mundo en la Sierra y la gastronomía de todos los lugares. Disfrutaba bailar, cantar en karaoke y salir con mis compañeros durante estas excursiones. Jamás me gustó beber alcohol y era la encargada de cuidar a mis amigos cuando salíamos de fiesta. Pero en absoluto pensé en fallarme ni a mí ni a Diego.

Sentía que era un amor genuino, que cuando existía la oportunidad de vernos teníamos rutinas que consistían en acudir a restaurantes para comer platos típicos como la Bandeja Marinera (era de nuestras favoritas), caminar e incluso descubrir que teníamos gustos similares. También éramos reservados, tanto, que pasaron dos años sin que hubiera habido sexo. Esta propuesta surgió después de un largo tiempo. Al final, Diego me hizo reconocer, recuperar y reconstruir el amor que se había quedado en mi infancia y adolescencia. Ahora lo conservaría para siempre.

Toda mi vida se transformó en todos los sentidos y se elevó mi consciencia

Diego se hizo parte de mi camino y de mis decisiones, tanto, que hasta lo invité a mi graduación. En la universidad me facilitaron tres invitaciones, mi madrastra dijo que le era imposible ir porque tenía una actividad junto a miembros de la iglesia, igual que mi papá, que no asistió porque estaba trabajando, por lo que tenía una para mi mamá, otra para mi padrino y me quedaba una, así que le propuse si le gustaría asistir al evento. Me dijo que sí, y yo ¡muy contenta! Ese sería el día especial en todo sentido, porque también le presentaría formalmente mi novio a mi mami.

En aquel momento entendí que la fuerza del amor es una energía que trasciende cualquier obstáculo

Fui declarada como mejor egresada de la promoción, aunque a decir verdad puedo destacar que todos los nuevos graduandos eran mejores porque poseían grandes habilidades, yo solo transmitiría un mensaje colectivo y de reconocimiento al expresar el discurso de grado; por tal razón, debía actuar a la altura teniendo la presión de cómo reaccionaría mi mami ante la presencia de Diego y mi presentación.

Como lo dije anteriormente, ya se manifestaba en mí la resiliencia y emprendí con la gracia de Dios. Me entregué a su voluntad. Se lo presenté a mi mamá, maestros y amigos en uno de los días más felices de mi vida. Diego estaba dichoso al verme lucir el vestido que él me había regalado para esa fecha tan importante. Un hombre de detalles. Y yo soy afortunada de tenerlo a mi lado.

Mi discurso fue vibrante y optimista. Mi mamá irradiaba de orgullo y se comportó a la altura. Jamás mencionó una palabra descortés y tampoco mencionó si lo aceptaría. Yo estaba tranquila porque ya había dado el primer paso. En realidad, lo que yo buscaba era que mi mami sintiera seguridad y la dicha de saber que formó con valores a una hija. Por el hecho de ser la primera de las nietas e hijas, yo siempre mantenía un sentido de responsabilidad y liderazgo, por hacer bien las cosas, ser un ejemplo para los que venían detrás de mí. Lo importante es que logré transmitir el mensaje siempre y eso me llena de satisfacción.

A partir de allí, Diego comenzó a acudir a reuniones de cumpleaños de familiares que se celebraban en mi grupo parental, iba a la casa, realizamos juntos el curso de conducción, íbamos de compras para abastecer un negocio que teníamos, salíamos a fiestas de la ciudad, hasta que hablamos para casarnos y me obsequió el anillo de compromiso que había elegido junto con su mamá.

Todo parecía ir normal, estábamos pagando un solar en el que llenos de esperanza empezamos a construir la casa en la que pensábamos formar nuestra familia; ambos estábamos dichosos porque profesionalmente él estaba por obtener su título universitario que por diversas circunstancias aún no lo había recibido.

Todo era perfecto, pero el destino fluía por otro sendero. Se avecinaba un camino que ni remotamente sospechábamos.

El destino nos tenía preparada una prueba crucial… de la cual les escribiré más adelante, cuando les narre sobre el Amor en la adversidad.

Mi estimado lector…, ¡esto apenas comienza!

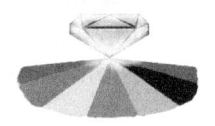

ARCOÍRIS DE DIAMANTES

DIAMANTES

La mente lógica puede ser responsable de recordar información sobre experiencias que almacenamos en nuestro inconsciente, dirigiendo al colapso nuestra vida si se lo permitimos. En esta manifestación, pueden surgir diálogos de desvalorización, falta de merecimiento y amor propio tal como yo pensaba sobre los hombres, mi manera de vestir o miedos que se reflejaban en mis acciones.

ARCOÍRIS

Tanto tú como yo podemos crear y atraer con nuestras propias vibraciones experiencias favorables o desfavorables. Cada ser que se crea en el universo tiene su propia energía y vibración genuina.

En mi caso, la fórmula que me llevó a convertir mis temores y creencias limitantes fue el amor que nació de mi relación con Diego, hecho que hizo trascender aquellos pensamientos.

CARBONES

La magia está en el sentido de que, a pesar de la adversidad, tú le pongas una vibración positiva a tus ideas, pensamientos, tus palabras, sentimientos, creencias y actos lo cual atraerá hacia ti experiencias con la misma frecuencia vibratoria. Una vez que te despojas de lo negativo y das el paso para conectar con una nueva experiencia, tu vida cambia y con ello puede venir un regalo del cual te sentirás afortunado por el resto de tu existencia.

Es lo que hoy reconozco al hacer consciencia de que nuestra vida es un viaje compartido y le doy un significado profundo a mis vivencias…; de lo contrario, Diego no estaría recorriendo este sendero conmigo.

EL IMPACTO DE UNA DISCAPACIDAD

EL IMPACTO DE UNA DISCAPACIDAD

Imagina que sin previo aviso sientes que no puedes moverte. Imagina que escuchas y ves perfecto, pero tu cuerpo no responde. Imagina estar sano y, de un momento a otro, verte sin poder hacer las cosas más sencillas como moverte con facilidad en tu cama, cepillar tus dientes o escribir... Debe ser un impacto psicológico retador, ¿verdad?

Yo no lo imaginé… ¡Yo lo viví!

Hoy puedo ser empática al reconocer los múltiples desafíos que debe enfrentar junto a su familia una persona con discapacidad, lo cual puedo rememorar en este preciso momento mientras estoy sentada en una silla blanca con ruedas grandes adaptadas para movilizarme en el campo, cubierto por la frescura de unos árboles de ciruela china, mango, cerezo y cacao, contemplando el caer de las flores de azahar, al mismo tiempo que los pájaros revolotean de un sitio a otro y las gallinas escarban buscando insectos entre las hojas del terreno húmedo.

Mi cabello se mueve con el viento y, de repente, por un instante mi mente se ancla en el pasado reviviendo memorias de la vida que he llevado en estos últimos años, resaltando las vías que me han sido conveniente tomar para superar cada obstáculo.

Pude darme cuenta de que los síntomas de una discapacidad son fuertes y, como toda enfermedad, trae consigo gastos financieros innumerables, situación que lleva a poner en desequilibrio y preocupación a la familia. El ambiente, muchas veces es tenso, pero como digo, no hay barrera que se ponga frente a ti que sea imposible de superar si buscas la solución, en lugar de centrarte en el conflicto.

Si recuerdas el pasado, que sea para darte cuenta del gran potencial que llevas dentro

Puedo hacer consciencia de que he superado diversas experiencias. Recuerdo que al principio mi pronóstico frente a esta nueva piedrecita en el camino era reservado; primero, mi cuerpo se debilitó, perdí sensibilidad desde el cuello hacia las extremidades inferiores, todos mis músculos se paralizaron y esto tuvo una repercusión delicada porque mi presión arterial se mantenía entre 80-60 y mis palpitaciones en ocasiones llegaban entre 60 y 70 lo cual no me permitía respirar.

Esta crisis provocó unos niveles de angustia muy grandes en mi mamá y en Diego. Yo, a pesar de sentir que la vida se me iba, les decía: "estoy bien"… aunque debo confesar que no quería cerrar mis ojos, porque sentía que, si lo hacía, podría morir.

El proceso fue como una bola de nieve, creciendo a su paso

Uno tras otro, mis órganos estaban en huelga…, no respondían. Sumado a lo anterior, mi mandíbula se debilitó lo cual me impedía abrir la boca fácilmente, por lo que ingería los alimentos con pajilla. Mi abdomen se hinchaba y no podía hacer mis necesidades fisiológicas. Por tanto, usaba sondas y, en ocasiones, me practicaban enemas.

Del mismo modo, mi voz se disminuyó, no podía estornudar, escupir, bostezar, toser, dormir e, incluso, cuando me sentaban, me mareaba, razón por la que tenían que bañarme en camilla. Para esto se necesitaban cinco personas, porque la descompensación de mi cuerpo hacía que me sintiera muy pesada. Así mismo, debía cambiar de posición cada dos horas, motivo por el cual Diego y mi mamá se turnaban durante la noche.

Mi vida se transformó y mis hábitos cambiaron. Tenía que dormir en un colchón antiescaras para cuidar que no me salieran úlceras, y ni qué decir de la silla de ruedas que la vi como algo enorme. Fue el dolor más grande que sintió mi corazón, así como cuando tuve que empezar a usar pañal.

Parecía que cada nuevo evento de descubrimiento sobre mi situación superaba al anterior. Verme por primera vez en el espejo causó una fuerte impresión que, aunque no la mostraba a mis familiares, todos los días lloraba en mi almohada que se convirtió en mi confidente.

Drenar y reconocer lo que sientes es bueno, pero la clave está en buscar ayuda

Contaba con un pijama que se volvió como mi uniforme para ir a rehabilitación, porque los gastos médicos eran excesivos y la menor prioridad era pensar en comprar ropa. Cada situación que me ha tocado vivir quiero expresarla con detalle y narrarla de forma tal que pueda ser factor importante para analizar y canalizar tus pensamientos, a tu familia y amigos que por alguna razón tengan que vivir algo parecido, no solo en la salud, ya que el cambio puede aparecer en cualquier área de la existencia.

Te digo: para todo existe la capacidad interna que nos lleva a identificar las herramientas que nos permitirán apartar del camino los obstáculos que se presenten, sin ver la situación como una amenaza sino como una auténtica oportunidad para crecer.

Quiero que mis experiencias te permitan tener claridad y sea un aporte de contribución para aquellos corazones que creen tener todo perdido.

> **Desde mi punto de vista,
> las circunstancias nos dan la apertura
> al inicio de una nueva vida**

Claro que al principio cada día era un desafío fuerte para mí, para mi mamá, para Diego y sus padres, ya que eran ellos los que vivieron mi proceso las veinticuatro horas al día, los siete días de la semana, atentos a mis necesidades y momentos críticos.

Pero no existen límites si puedes creer

Cómo encender la fe en medio del dolor

Desde el primer momento que mi cuerpo no reaccionó y me deslicé de la hamaca al piso, sentí que Dios me tomó en sus brazos. Y es que en todas mis acciones siempre ha estado Él, en primer lugar, y ese día oré el Padre Nuestro la mayor cantidad de veces posibles que puedas imaginarte. Hoy por hoy para los médicos, ver mi recuperación, luego de este diagnóstico, les causa sorpresa; evolucionar frente aquel acontecimiento, según ellos, era poco probable.

Soy honesta y confieso que cuando llegó esta situación, los primeros meses existía una pelea mental dentro de mí y con aquellas palabras *(no volverás a sentir tu cuerpo, vas a permanecer en cama...)* que me habían dicho, se incrementó mi inseguridad. A pesar de todo, en el fondo yo sabía que Dios siempre tiene la última palabra.

Siento que es la razón por la cual en este momento puedo comer por mí misma, escribo, recuperé mi voz y fuerza, la sensibilidad en mis genitales, mi cuerpo reacciona al dolor, si me tocan la planta de los pies siento, así mismo puedo identificar si las comidas están dulces o saladas, frías o calientes. Al estar de pie no me canso ni se baja la presión sanguínea y estoy segura de que cada día estoy mejor y mejor.

> *Y dejen de amoldarse a este sistema;*
> *más bien, transfórmense renovando su mente*
> *para que comprueben por ustedes mismos*
> *cuál es la buena, agradable y perfecta voluntad de Dios.*
> **Romanos 12:2**

He pasado por varios diagnósticos médicos porque no identifican la causa que debilitó mis músculos, consideran que es una patología rara y la han llamado por nombres que van desde síndrome mielopático cervical, neuromielitis óptica, guillain barré, pero al final el proceso por el cual se presentaron los síntomas no coincide con ninguna y la que se asemeja es ***mielitis transversa***. Sin embargo, hasta la fecha es un misterio determinar qué pasó con mi cuerpo.

Lo cierto es que este suceso me trajo muchos aprendizajes que hicieron fortalecer mi fe, mi paciencia y descubrir de qué se trataba, llevándome a formular múltiples preguntas de introspección. Fuese cual fuese la situación, averigüé y, luego de un tiempo, supe que es una afección causada por la inflamación de la médula espinal. Como resultado, se daña el revestimiento (vaina de mielina) alrededor de las células nerviosas y esto interrumpe las señales entre los nervios espinales y el resto del cuerpo.

En los últimos años han descubierto que la mielina se repara o recupera gracias a unas células especiales que se encuentran en el cerebro y se llaman oligodendrocitos, los cuales se forman a partir de células precursoras —que sirven para formar otras células— y se conocen por las siglas OPC.

La esperanza jamás se pierde,
nunca es tarde para volver a empezar
y sin importar el diagnóstico
yo confío en mi sanación y recuperación total

Cuando supe esta noticia, mi corazón se regocijó de alegría, ya que sigo creyendo que con la ayuda de Dios mi sanación es posible y mucho más ahora cuando estoy en el constante camino de sanar heridas internas.

Tengo la esperanza de volver a caminar, puesto que, según las investigaciones, ahora no es solo una cuestión de creencias el hecho de que haya la posibilidad de que el sistema nervioso se repare, sino que se ha podido probar que la restitución de los tejidos nerviosos es posible afirmando que nuestro cuerpo tiene una increíble capacidad natural para reconstruir la mielina y conseguir que los nervios funcionen con normalidad.

**Estas noticias me dan claridad de que Dios
conoce nuestras dificultades,
tan solo depende de nosotros
permitir que Él ingrese a nuestra vida**

Pude identificar que encender la fe se logra cambiando el miedo por gratitud, y la depresión por amor y alegría, reconociendo en qué punto se encontraba mi vida y pensando en lo que realmente me merezco, para trascender desarrollando una gran capacidad de adaptabilidad en circunstancias adversas.

Asimismo, asumí la meditación como un hábito que me permitió aquietar la mente, reconocer mis emociones, detectar mis pensamientos y, de acuerdo con ello, darme cuenta del porqué de cada una de las sensaciones en mi cuerpo. Esta calma me direccionó a la verdadera paz que necesitaba, llevándome a la conexión directa con el ser supremo.

El poder de la actitud

*"El que vence a los demás es fuerte.
El que se vence a sí mismo es poderoso".*
Lao Tse

La capacidad de nuestra mente puede darnos una mirada distinta de las situaciones externas o derrumbar nuestros sueños si nos resistimos a enfrentar una nueva realidad, porque la vida es como la percibimos y más allá de pensar tanto, se trata de vivirla.

Descubrí que, a pesar de los golpes de la vida, siempre podemos dar más. Aun así, hubo días en los que mi cuerpo y mente no querían avanzar.

En ocasiones, me sentía envuelta en una monotonía y rutina que me llevaban a la desesperación, entonces me ponía a negociar con mi mente y sacaba a relucir todo lo que sumaba a mi vida, dándome cuenta de que detenerme no era una opción.

Solo bastaban unos minutos, ver mi entorno, a las personas que aún me apoyan para sacar lo bueno de todo…, acciones que me ayudan a enfocar mis pensamientos y ver más allá del horizonte, actitud que me permitió reunirme con amigos otra vez, celebrar mis cumpleaños, ir con Diego a eventos al aire libre, crear nuevas amistades y, sobre todo, seguir haciendo lo que me da alegría y fluye por mis venas que es continuar con mi vocación de servir a los demás.

Mientras menos te resistas a las situaciones
que te suceden en la vida
más pronto saldrás de ese hoy
que no llega para que te hundas,
sino para enseñarte lo que eres capaz de lograr

La actitud es fundamental en este proceso.
La actitud puede ayudarte a vencer
o hundirte hasta el fondo
¿Cuál debe ser, entonces, la actitud
si está en nuestra mente?

Cómo recuperar la sensibilidad corporal luego de un trauma medular

La fortaleza es la antorcha que se enciende en tu ser y te lleva a mantener la esperanza viva con una voluntad indomable

Quiero compartirte las herramientas que me han permitido no rendirme, mantener una actitud de proacción, de perseverancia y de fe.

¿Cuánto eres consciente de que las situaciones pasan y cuánto te estás amarrando a la situación para que quede eterna?

El hecho de no sentir mi cuerpo trajo complicaciones. Una de ellas fue una quemadura en la rodilla causada en el centro de rehabilitación por una compresa caliente, lo cual me detuvo por dos meses. Noté que el no sentir la piel, trae como consecuencia que el proceso de regeneración sea lento y cicatrizar tarda más de lo normal.

Creatividad puesta al límite junto a la actitud

Esta situación me hizo pensar en **qué podía hacer para volver a sentir...**

Es así cómo conseguimos un cepillo de cerdas suaves; en mi país, Ecuador, lo usan para limpiar zapatos. A todo el que llegara a casa, mamá, Diego, le pedía el favor de que me pasara el cepillo por mis piernas desde abajo hacia arriba. Luego, se me ocurrió golpearme el cuerpo con ortiga... Al principio, no sentía nada con esto; sin embargo, con el transcurrir del tiempo fui sintiendo el dolor en las áreas enrojecidas que quedaban en mi piel.

Después pedía ponerme de pie, aunque mis rodillas no sostenían mi cuerpo. Para esto Diego me prestó un arnés que colgó entre las ramas de unos árboles y allí me ayudaba a parar, esto lo hacía porque también leí que el estar de pie ayudaba a oxigenar la sangre que fluía por mis glúteos y así lograba evitar las úlceras. Para sentir mis genitales, le pedía a mi mamá que me secara con una toalla áspera; los primeros días percibí algunos niveles de sensación algunos días sentía ardor fuerte, hormigueo, pero luego de un tiempo empecé a notar cambios positivos.

Mientras puedas pensar, hazlo con la intención de crear soluciones

Durante las noches en tiempos de poco calor pedía ayuda para realizarme vaporizaciones de plantas calientes como hojas de eucalipto o cacao, me sentaba en la silla con prevención de un familiar y por corto tiempo me cubrían todo el cuerpo con un edredón. El objetivo era que yo pudiera transpirar. En los primeros intentos, mi cuerpo se ponía frío y después, empezó a sudar.

Llegaba 2016, que traía consigo muestras de que todo era posible. Fui progresando y gracias a Dios ya no usaba sondas; ahora usaba pañales y mi mamá, así como la señora Piedad, quien rebosa de sensibilidad y cariño —mamá de Diego—, incluso él, aprendieron a cambiarme. En búsqueda de mi recuperación, yo decidí ir a vivir a un asilo de ancianos porque allí me ayudaba el terapista físico a realizar la rehabilitación. A Antonio lo conocí años atrás y fuimos compañeros de trabajo porque en este lugar me desempeñé como promotora social de adultos mayores. Antonio transmitía mucha energía y con su personalidad siempre animaba a las personas a esforzarse por conseguir sus sueños.

En el camino, la vida nos va mostrando los recursos que nos pueden ser útiles en algún momento

Cuando supieron de mi situación, se dispusieron a ayudarme. Por ese motivo, viví treinta días allí compartiendo de lunes a viernes. En este lugar la pasaba muy entretenida; de hecho, platicaba con las personas mayores, practicaba gimnasia durante las mañanas y al mediodía acudía a terapias de natación. Durante el día me cuidaba mi mamá y durante la noche, Diego estaba pendiente. Solo con el hecho de saber que él acudía a verme me llenaba de alegría. Iba a dormir todos los días, llegaba a las cinco de la tarde, me ayudaba a bañar y luego nos divertíamos llenando rompecabezas mientras cenábamos, y durante el atardecer salíamos a caminar mientras él me dirigía la silla de ruedas por los alrededores del recinto.

Posteriormente, mi mamá realizó una rifa para recaudar fondos, y con aporte de amigos y familiares se logró contratar un terapista a domicilio; fueron nueve meses de ejercicios y de una rutina cronometrada. Diego iba a buscar al terapista a la estación en un carro de su hermano y lo traía de vuelta a nuestra casa, porque el transporte público no llegaba hasta nuestra residencia.

Día tras día, yo me recuperaba. Eso de bañarme sobre una camilla o inclinar el asiento para sentarme fue parte del pasado. En cierta manera, reconocí que el hecho de que me ayudaran me llenaba de vergüenza, pero algo muy cierto es que no podía dejarme guiar por este sentimiento y paulatinamente esta forma de sentir la fui superando.

**Descubrí que parte del amor genuino
también consiste en desarrollar la vulnerabilidad**

Transcurrían los primeros veinticuatro meses en los que Diego era parte de mi nueva realidad. Por otro lado, dejó de visitarme el terapista que venía a casa porque se terminaron nuestros recursos.

**Siempre hay soluciones para cada desafío,
la clave está en el punto de vista
que le queremos dar a esos acontecimientos**

Con respecto a mi padrastro, a pesar de que su estado emocional no siempre era muy equilibrado en el pasado, fue solo una cuestión de tiempo para que llegara la armonía, pues cada día iba sacando a flote su lado humano. Entendí que es muy cierta la frase de Alfonso Ruiz Soto que dice: *"Toda persona tiene las más profundas razones para ser lo que es y para hacer lo que hace"*.

José, al ver mi situación, nos prestó una camioneta de campo Toyota 2200 año 1981, en la que Diego me trasladaba a terapia diariamente. Para ayudarme con el combustible, criaba cerdos y en las tardes trabajaba en el campo. Una tía me ayudaba con la inversión de los pañales, pero las adversidades continuaban.

En cierta ocasión, llegó la noticia de que era probable que mi padrastro vendiera el carro. Al principio tuve la tentación de desesperarme, pero hubo una ligera sensación en mí que me hacía sentir que Dios tenía el control.

Es así que para mi sorpresa Diego habló con sus padres y hermanos, en cuya conversación se estableció una propuesta que fue que le permitieran trocar una cuadra de terreno de su herencia por el vehículo; ellos aceptaron y se logró la adquisición.

Frente a todo este acontecimiento, yo le pregunté a él por qué había intercambiado su terreno, a lo que respondió: "No importa lo que hagamos con tal de que camines y estés sana; nadie me obliga, te amo y saldremos adelante juntos". Y me abrazó.

Su expresión y la seguridad de su mirada me transmitieron mucha esperanza, seguridad y fortaleza, porque entendí con certeza que el amor de Dios se manifiesta de manera real y de distintas formas, pero muchas veces nuestra desesperación nos impide ver su presencia. En aquella ocasión, yo sentí que florecía desde el corazón de Diego.

Este logro de saber que Diego tenía carro propio y que yo acudiría a terapia me dio felicidad. Pero cierto día se dañó, y luego había que matricular y teníamos que conseguir dinero para los nuevos requerimientos. Lo reparamos a medias, y fue cuando puse mi mente en acción, y le dije que llamaría a mi madrastra para hacer una gestión y adquirir recursos. Me preguntó:

—¿Qué harás?
—Haremos bollos. —Le respondí.

El bollo es un plato típico ecuatoriano, elaborado con plátano verde rallado, pescado, aliños. Entonces, hice los contactos junto con mi mamá para distribuirlos. Y como he nacido para vivir sin límites, planificamos, organizamos, gestionamos y viajamos hasta casa de mis tías y abuela paterna ubicada a una hora y media de casa, un lugar en los adentros de un área rural en medio de palmeras y maizales. Todo esfuerzo era válido, mientras viajábamos al son de alabanzas y risas de las ocurrencias de nuestras conversaciones.

Llegábamos a nuestro destino y con mucho amor nos recibían todos; les llevábamos abundantes frutas para toda la familia porque aquellas tierras son poco productivas, el balcón estaba repleto de plátanos, mandarinas, naranjas, limones y guaba, que en algunos países se conoce como guama, pacay, etc., y se podía sentir la felicidad de los niños disfrutando de lo que deseaban. Así iniciaba nuestra labor y una vez listos para venderlos íbamos por varios pueblos entregando a los clientes. Al final, esta gestión nos permitió sobrellevar el mantenimiento del carro.

El amor es paciente, es bondadoso.
El amor no es envidioso ni jactancioso ni orgulloso.
No se comporta con rudeza, no es egoísta,
no se enoja fácilmente, no guarda rencor.
1 Corintios 13:4-5

Diego llegaba a enseñarme el valor de la paciencia y amor como una cualidad poderosa para la superación, porque de cierta manera yo venía siendo una joven determinada, y cuando me fijaba en algo persistía hasta alcanzarlo y eso es bueno. Sin embargo, analicé también que cuando las cosas no salían a mi manera, entonces me llenaba de angustia y esa angustia se traducía en mi existencia como impaciencia.

Pero claro, ahora que estaba experimentando una discapacidad era necesario tomar el control y la paciencia, y sí o sí tenía que desarrollarla y conservarla; caso contrario, sería nadar contra la corriente.

Luego, particularmente Diego tenía esas cualidades que yo no había desarrollado aún y fuimos creciendo juntos, tanto que incluso en busca de llenar un vacío espiritual yo me bauticé a mis treinta años y él estaba conmigo allí, junto a mi madrina Luz, una mujer que irradia de alegría con su extrovertida personalidad. Carlos, mi terapista físico, quien debido a la gran amistad que se creó terminó siendo mi padrino, y con el apoyo de Tatiana, una de las licenciadas que me hacían terapia ocupacional, se llevó a cabo este importante evento. Entendiendo que lo externo venía por añadidura, por supuesto con acciones.

Mientras tanto, este proceso seguía su curso y yo buscaba una manera que le permitiera a Diego reducir las múltiples actividades que yo le generaba... Una de ellas era ponerme cada día de pie en medio de los árboles con un arnés. Luego, en varias peticiones Dios escuchó mis oraciones enviando a los señores Carlos, Freddy y Víctor, profesionales que me permitieron cumplir ese deseo, y me donaron una *"verticalizadora"* con la que Diego solo tiene que ponerme las vendas y con nada más presionar un botón estoy de pie en cuestión de segundos.

Por otra parte, tengo dos lucecitas que en medio de la tormenta daban alegría a mi vida: Isa, de seis años, quien con sus rizos alborotados y su sonrisa, pone color con sus ocurrencias, y Gaby, de ocho años, que se suma a la gran personalidad de Isa, pues posee la capacidad de mostrar compasión por los demás. Ambas, sobrinas de Diego, de algún modo, cuando necesito algo y en caso de no estar su tío, están pendientes de ayudarme. Puedo decir que llegaron en el momento idóneo. Su mamá decidió dejarlas bajo la crianza del papá cuando la menor tenía cinco meses de edad, razón por la que en ocasiones Isa dice que soy su mamá puesto que la he visto crecer.

Por su parte, Gaby anhela que yo tenga un bebé, lo cual a veces genera discusiones en sus juegos con Isa. Total, es que aun siendo muy pequeñas empezamos juntas la ruta de compartir no solo gratos momentos, sino también sus sentimientos conmigo. Es una rutina hermosa la que nos une.

> **Mientras menos te enfocas
> en la complejidad del asunto
> y empiezas a pensar
> con intención de encontrar opciones,
> el cerebro te da la salida con sabiduría**

Haber experimentado la presencia de mi recuperación y como complemento el amor de las personas que me rodeaban, hizo nacer en mi vida la convicción de volver a dar mis pasos en cierto sentido, porque en realidad seguía existiendo algo interno que desconocía y no me dejaba avanzar, llevándome a vivir una dura y definitiva realidad.

Tocando fondo

> **Cuando las palabras mienten, el cuerpo no.
> El cuerpo nunca lo hace.
> Aprender a detectar las diferencias
> y los conflictos existentes
> entre lo que la voz dice y lo que el cuerpo dice,
> es una habilidad que te dará una enorme recompensa**

Y ¿sabes cómo lo entendí?, pues en un tiempo más delicado aún, en el que casi muero y fue en tiempos de pandemia, en 2020. Lo que me sucedió no fue por el virus propiamente dicho, pero sí sus efectos colaterales, puesto que la covid-19 hizo que el mundo se detuviera de una manera trágica y dolorosa.

En las redes sociales y noticias locales no era otra cosa que lo mismo una y otra vez, las veinticuatro horas del día, llenando a la población de desesperación con estadísticas mundiales de fallecidos por doquier.

Justamente, esta situación hizo que mi salud se descompensara y es que el estar en casa, ver y escuchar todos los días lo mismo provocó que la ansiedad floreciera y perdiera el apetito. No dormía, la presión arterial disminuyó y todo se complicó. Fue como una reacción en cadena.

Me llené de miedo, estrés, depresión y lo peor es que no sabía cómo gestionar estas sensaciones. Consultamos con el médico de la familia y este me envió medicina que mi mami conseguía junto con mi padrastro. Sí, a raíz de la enfermedad que enfrenté, mi padrastro ayudaba económicamente en mis emergencias, pero yo no mejoraba en lo absoluto.

> **La vida te manda a las personas
> y los eventos que tú necesitas
> para convertirte en la persona
> que viniste a ser a este mundo**

Es así cómo en plena pandemia, y con riesgo de infectarnos, Diego me llevó al médico para dar fin a aquellos síntomas, y durante un día estuve con suero y medicamentos orales.

Este evento desencadenó momentos de reflexión profunda y me llevó a que cierto día me diera por vencida, me rendí y dije entre lágrimas: *"Dios, dime qué quieres que haga porque ya no puedo más; necesito saber qué quieres conmigo. Me siento derrotada y acepto que Tú tienes el control y si me cambiaste de dirección es por algo, pero no puedo más. Ayúdame, por favor…"*.

> *Entonces, en su angustia clamaron al SEÑOR
> y Él los sacó de sus aflicciones.
> Cambió la tempestad en calma
> y las olas del mar callaron.
> Entonces, se alegraron
> porque las olas se habían aquietado,
> y Él los guió al puerto anhelado.*
> **Salmos 107:28-30**

De estas palabras te puedo decir que la aceptación tiene un potente valor cuando se trata de enfrentar la adversidad, porque muchas veces no reconocemos que aún en lo profundo de nuestro ser hay resistencia y que, a pesar de estar caídos, creemos que podemos con todo. La realidad está más allá de esa realidad, y solo lo comprendemos cuando decidimos aceptar que estamos viviendo esa situación complicada y que no somos los únicos, pero tenemos la dicha de aún estar vivos, entonces, todo empieza a fluir y el rompecabezas toma forma porque diseñamos un nuevo ser, generando cambios de adentro hacia afuera.

Entonces, simplemente me comuniqué distinto porque ya no dije las palabras por decir; las dije sintiéndome conectada con emociones y pensamientos alineados que me permitieron obrar desde un nuevo estado de mi ser.

Es así como, de repente, un día sucedió algo que hasta hoy es un milagro, un milagro creado por Dios, pero porque yo le di la apertura de moldear mi vida.

Y como dicen, el maestro llega cuando el alumno está preparado, un día navegando en una red social me encontré con una publicación de una institución que forma a toda persona que quisiera cambiar su sistema de creencias y darse la oportunidad de experimentar algo nuevo. Por supuesto, en ese tiempo no tenía claro a qué se dedicaban, pero sí sabía en la posición que yo estaba y hasta dónde quería llegar. Me era urgente descubrir qué pasaba conmigo.

–¿Podrías decirme, por favor, qué camino debo seguir para salir de aquí? –Preguntó la niña.
–Eso depende en gran parte al sitio donde quieras llegar.
–Respondió el gato.
–No me importa mucho el sitio. –Dijo la niña.
–Entonces, tampoco importa mucho el camino que tomes.
–Replicó el gato.

Lewis Carroll
Alicia en el país de las maravillas

A diferencia de Alicia, yo tenía claro qué camino seguir, solo me abrí a las posibilidades con total seguridad y confianza en Dios.

En mi inspiración constante por recuperar mis movimientos, yo terminaba de escribir una plana de mi nombre. Jamás olvido aquel mediodía del 2 julio de 2020 cuando encontré una publicidad en la que alguien había escrito un texto diciendo: "Ustedes no son nadie para cambiar a otras personas".

A lo que yo respondí, entendiendo que quizás lo que él estaba viviendo era, a lo mejor, algo similar a mi experiencia, pero lo tomaba desde otro nivel de consciencia y de cualquier manera este señor estaba en lo cierto, porque los únicos que tenemos el poder de cambiar somos nosotros mismos; sin embargo, su expresión se veía a la defensiva, al fin de cuentas habrá tenido sus razones y lo entiendo perfectamente.

Es así cómo respondí a su comentario de la siguiente manera: "No podemos juzgar a los demás por lo que hacen, debemos vivir el día a día con optimismo…" y, bueno, redacté parte de la enfermedad que yo estaba viviendo con la intención de animarlo a que pudiese ver la adversidad desde otro punto de vista.

Seguido a este mensaje me fui al perfil de esta cuenta y vi que publicaban temas de superación personal y me interesé, pero yo tenía dinero solo para cubrir mis gastos médicos y no para pagar un curso en ese momento. Igualmente, lo intenté y envié un mensaje a esa página y la felicidad más grande es que me respondieron y, por consiguiente, pedí ayuda, porque mi deseo de impulsar mi vida era más grande que mi realidad.

> *Pedid, y se os dará; buscad, y hallaréis;*
> *llamad, y se os abrirá.*
> **Mateo: 7:7**

No quiero decir que te sucederá lo mismo que voy a relatarte a continuación, pero lo que quiero es que entiendas que cuando te rindes, dejas de luchar y tienes una visión clara de lo que quieres todo conspira a tu favor y Dios se manifiesta en todos los aspectos.

Y fíjate, un señor que en ese entonces no sabía quién era me respondió y luego de un proceso de interrogatorio en el que le comenté todo lo que había pasado, con mucha honestidad le expresé:

—Yo siento fuerza de voluntad en mí, pero necesito un rumbo; si puede ayudarme, sería una gran bendición...
—Convertir tu RESILIENCIA en un PODER de SUPERACIÓN —me respondió—. Tienes una historia poderosa para ayudar a otros desde tu experiencia, la adversidad se vence desde el corazón; quiero que averigües sobre lo que es Life Coaching para ver si te ves haciendo eso, y si te ves haciendo eso me vas a pasar un informe médico que avale tu condición para ver si te ayudamos con una beca.

En ese momento podrás imaginarte lo que pasaba dentro de mí, ¡Dios mío!, yo sentí una corazonada de tanta gratitud y le envié todo: carnet de discapacidad, cédula de identidad, informe médico, imágenes de resonancia magnética, todo lo que demostraba mi condición y que apuntalaba mi credibilidad, porque en realidad yo era una completa desconocida.

> *El corazón gozoso alegra el rostro,*
> *pero en la tristeza del corazón*
> *se quebranta el espíritu.*
> **Proverbios 15:13**

Fíjate lo que aconteció antes de hablarme acerca de la oportunidad de incorporarme a estudiar la certificación. Me preguntó:

—¿Te sientes en la capacidad de hacerlo?, ¿tienes buen Internet?, ¿Tienes el tiempo suficiente para dedicarle?
—¡Claro! Sí tengo y puedo, señor Servio... —Respondí con entusiasmo.
—Perfecto; pásame tu nombre completo y tu correo para darte la clave de acceso a la plataforma.

Le di las gracias tantas veces, y a Dios primero, por tanto amor.

Un comienzo impensado…
Unas condiciones poco propicias…
Una luz al final del túnel

Es así cómo el 17 de agosto de 2020 empezaba a estudiar, pero ¿cómo lo hacía?, mi mente empezó su discurso: yo vivo en el campo y no tengo un computador, sentí miedo y recordaba que desde hace mucho tiempo no hablaba frente a tantas personas, no tenía ropa presentable, ni podía escribir con rapidez por debilidad en mis dedos, además eran cuatro horas de estudio y debía estar sentada y por último no sabía qué era Zoom y ni cómo descargarlo porque mi teléfono no estaba actualizado.

Total, hice caso omiso a lo que creía mi mente, porque lo cierto es que tenía lo más importante y era yo misma lo cual era suficiente para emprender.

Independientemente de las condiciones en que me encontraba, el mayor recurso con una fuente inagotable e ilimitada era contar conmigo misma y mis ganas de superación.

¿Cómo lo logré entonces? Borré aplicaciones de mi teléfono, vi tutoriales para descargar la aplicación Zoom y poder estar en las clases, pedí prestada una tableta a mi hermana que ya no le era útil porque estaba dañada la pantalla y en ella yo escribiría los datos importantes durante las clases, busqué la ropa adecuada y ahora sí: estaba más que lista.

Emprendí mi viaje al mundo del autodescubrimiento; claro está, que al principio como había dejado de estudiar me costaba concentrarme y como a nuestro cerebro le cuesta adaptarse a lo nuevo, las creencias querían sabotearme, pero ¡no pudieron dominarme!

> **El deseo supera la adversidad**
> **y cuando esto sucede nada te detiene…**
> **sencillamente, ya tienes el enfoque, la determinación**
> **y el compromiso para salir victorioso.**

Es así cómo fui identificando mis limitaciones mentales; entendí cómo ser coherente con mis palabras y congruente con mi ser. Aprendí de eso de lo que muchos hablan, "energía" y, como regalo adicional, fui conociendo nuevas personas, seres humanos maravillosos alineados con mi propósito y, como un bebé que nace, lienzo blanco que con el tiempo absorbe como una esponja todo lo de su entorno o contexto, es así cómo estaba yo absorbiendo con detalle sus expresiones, sus movimientos, sus conocimientos y más comportamientos exitosos de cada uno.

Los comportamientos, tales como el ser decidido, hacer las cosas con pasión e ir por tus sueños sin limitación alguna, resultaron ser mi redescubrimiento.

No siempre estás destinado a llevar la vida que quieres. La realidad es que estás programado sobre la base de una serie de creencias, pensamientos y sentimientos que, a lo largo de tu existencia, te van a enfrentar y que si quieres cambiar de resultados para conseguir una vida de excelencia, deberás necesariamente cambiar de mentalidad

En este programa descubrí una verdad trascendental: el origen por lo cual mi salud se vio afectada por una discapacidad. Posteriormente, fui juiciosa en aplicar las técnicas del programa para comenzar a trabajar mi mente, mis pensamientos, mis emociones, mis actitudes e iniciar un cambio personal que sé que trasciende las fronteras de mi vida.

Es así cómo la llegada de don Servio Fernández y su equipo, con sus enseñanzas, me devolvieron las ganas de vivir con intensidad. Todos los días me presentaba a las clases *online*, era magnífico y para ello Diego me ayudaba a arreglarme, bañarme, vestirme y luego yo me maquillaba.

Cada evento me indicaba que jamás había estado sola. Siempre ha existido una persona que me extienda su apoyo, desde médicos, terapistas, amigos, familiares e, incluso, conocidos. Soy agradecida y hasta hoy siento la mano de Dios en nuestras vidas.

De la mano de mi familia, el amor nos permitía descifrar paso a paso lo que estábamos viviendo y, pese a los posibles obstáculos, nuestra mente dejaba de centrarse en los bloqueos y en lugar de ello nos poníamos creativos generando acciones sobre la base de oportunidades, en medio de un mundo de infinitas posibilidades que me guiaron a mi verdadero propósito de vida, y me prepararon en condición de becada por dos ocasiones, en las que logré las Certificaciones de Neuro Energy Coach nivel Practitioner y Advance, y luego estudié con mi propios medios una Certificación Board en PNL nivel Practitioner, y también un Diplomado en Inteligencia Emocional y Psicología Positiva.

Estos conocimientos hoy me han permitido hacer lo que amo acompañando a personas en su sanación interior y, además de ello, desempeñándome como líder coach de todos los estudiantes que ingresan a certificarse como *neurocoaches* en Coaching Hub, institución de la cual es CEO don Servio Fernández, además de crear contenido para las redes sociales de empresarios.

Ahora, todas estas labores las realizaba ya no desde el teléfono, sino frente a un computador que recibí gracias a Scarlett Lerperger, compañera y amiga que conocí durante la Certificación.

De este modo, mi vida, con herramientas de crecimiento personal cambió por completo, todo esto ha sido posible gracias a mi perseverancia, amor y actitud positiva lo cual también te relato en el siguiente capítulo Amor en la Adversidad.

**Es así la extraordinaria manera
con la que puedo bendecir mi pasado
en lugar de vivir en él**

ARCOÍRIS DE DIAMANTES

DIAMANTES

Morir no solamente es dejar de vivir en este plano, también es aferrar tu existencia a la oscuridad de tu ego, a creer que puedes solo llevar el control cuando existe una fuerza superior que conoce el para qué te ha enviado a este mundo y que nos ha dado la suficiente inteligencia para analizar lo que no suma a nuestro crecimiento e impide mostrar la luz, que es nuestra esencia y cuyo reconocimiento nos invita a mirar hacia atrás para recordar con amor aquellos tiempos que también fueron útiles para evolucionar.

ARCOÍRIS

Con cada lección que te enseña la vida, tú le pones la percepción a cada acontecimiento y debes aprender de ello sin necesidad de ocultar tus decisiones equivocadas o proteger tu vergüenza.

Nadie está exento de la adversidad y tampoco serás el único, todos tenemos el poder de transformar nuestro presente manteniendo un corazón abierto al amor, compasivo y sin juicios; es ahí donde se encuentra la verdadera felicidad que todos buscamos.

CARBONES

El verdadero aprendizaje proviene de nuestras propias experiencias y es mejor que llegue el momento cuando aún respiras, porque hasta entonces aún hay esperanza para iniciar el viaje de descubrimiento y sanación que cambiará tu vida, porque es en ti donde yacen todas las respuestas a las preguntas que buscas darles significado.

AMOR EN LA ADVERSIDAD

AMOR EN LA ADVERSIDAD

El amor se manifiesta cuando le damos vida por medio de nuestras acciones, siendo honestos con nosotros mismos y adoptando en la presencia del Espíritu Santo que hace que todo sea posible a través de la voluntad de Dios. Los actos de amor son sublimes, son esa esencia y esa energía que hace brillar nuestros corazones y que da sentido a nuestro ser. Considero que soy una persona que ve las dos caras de una situación frente a la vida.

Los seres humanos maravillosos que me conocen me describen por ser un poco tímida, humilde, pacífica y amable; así mismo, he tenido un carácter bondadoso, y en lo que puedo recordar siempre he preferido ayudar al prójimo y dar sin esperar nada a cambio. Sin embargo, mi nivel de consciencia perdió su brillo por unos días al inicio de la condición que me tocó vivir. Me preguntaba: ¿cuándo pasará esta situación? Y es que mis sueños se paralizaron, dieron un frenazo, un stop les plantó cara y, de hecho, el ver a mi mamá correr por los pasillos mientras recaía en momentos críticos y luego que Diego fuese quien se dedicara a bañarme y vestirme, me causaba una ansiedad terrible, inmensa.

Tenía que recapacitar de algún modo y fue entonces cuando se activó la tolerancia en mí y empecé a asumir la vida tal y como es, dispuesta a conseguir mi realización personal. Enfrenté mis temores más profundos, renuncié a la lucha y hoy puedo definir que mucho de lo que viví y parte de lo que sigo viviendo es para hacerme entender que siempre hay un nuevo comienzo, y que el amor es como luna que alumbra en la oscuridad, el mismo que, si te pones a analizar, florece desde el principio de creación de la Tierra. Dios nos muestra que esa Tierra y la manifestación de todo lo que habita en ella, constituyen la verdadera grandeza y abundancia de la cual todos somos parte y podemos disfrutarlas con toda libertad.

Así se desarrolla el amor y su expansión de madre a hijos, de amigos, de pareja y por uno mismo; amarse, tal y como somos, es la mejor decisión que podemos tomar porque a partir de allí das a los demás lo que tienes sin medida o juicio. Esto permitirá convertirte en un flujo constante de energía llena de este sentimiento.

En mi caso, una enfermedad catastrófica había llamado a mi puerta, enseñándome a ver la vida distinta, desde otro enfoque, desafío que no hubiese podido superar sin haber amado mi nueva condición.

Junto a Diego, vimos que nuestras aspiraciones de pareja cambiaron de rumbo y, de ser realista, lo único que espero es que nuestra historia sea lo más hermosa posible…

Me visualizo aún despertar a su lado cada día, acariciarlo cada mañana y decirle "te amo". En todo caso, ahora todo se centraba en mi recuperación, pero el amor que antes se había cimentado fue el pilar que me llevó a continuar. Y del mismo modo, el valor por la vida que había sembrado mi mamá en mí, hizo que no me precipitara y fuese flexible en todo lo que mostraba mi nueva realidad.

Por tanto, el tener a mis dos amores a mi lado me daba seguridad

Una historia paso a paso…

El primer año fue de adaptación. Yo vine a vivir con Diego y sus padres en un lugar en donde al calentar el sol el zumo de lo cítrico de la naranja se mezcla con el aroma de cacao, y en medio de estos amaneceres mi mamá me cuidaba, mientras mi amado se levantaba a las cinco de la mañana para ir a trabajar al bar escolar donde yo tenía un contrato. Ese era el último año de dar servicio de alimentos a los niños de esa escuela y colegio.

A las doce del día terminaba sus actividades y enviaba un taxi para que fuese a verme con mi mamá, pues nos encontrábamos en el campo y debía salir durante toda la semana a la rehabilitación física.

Mientras estábamos en las terapias, Diego me movilizaba de un lugar a otro si era el caso. Luego de tres horas, tomábamos el taxi, y él junto con mi mamá se dirigían a realizar compras para abastecer el bar escolar, porque de este negocio se solventaba la movilización, terapias, medicinas y alimentos.

Una experiencia fuerte fue el hecho de que por creencias de la familia decían que la situación que estaba viviendo era causa de hechicería, por lo que decidieron pagar a chamanes de todas partes del país, lo cual no dio resultado. Lamentablemente, no solo no funcionó nada con ellos, sino que eso llevó a reducir nuestros recursos.

> **Enfrentar una situación desconocida
> lleva a los familiares
> a buscar soluciones "prontas",
> guiadas por creencias**

Así pasaron los doce primeros meses, en los que Diego y Luisana —desde aquel entonces y hasta hoy— son mi principal fuente de apoyo en todos los aspectos. De hecho, mi mamá, con su dulzura, complace mis deseos con sus exquisitas comidas. Ensaladas, tallarines y sopa de gallina criolla, por mencionar algunas. A pesar de lo que me costaba recibir cuidados, dejé de resistirme y me abrí a recibir el apoyo incondicional de familiares y amigos, siendo amable y autocompasiva conmigo misma.

La discapacidad y el amor de pareja

> *El amor consuela*
> *como el resplandor del sol*
> *después de la lluvia*
> **William Shakespeare**

En este instante no sé si mi mano podrá expresar todo lo que mi corazón siente. Describir en palabras lo que es el amor verdadero, que nos ha permitido sobrellevar la adversidad y lo que mi amado ha hecho por mí no es suficiente, pues lo considero digno de admirar.

Todas las parejas sufren altibajos, pero ¿qué es lo que realmente importa? Cualquier circunstancia de la vida siempre se puede ver por el lado positivo, porque esa nueva situación trae algo nuevo. Pero, ¿cómo se logra ver este cambio?

La respuesta es sencilla, y es que ese cambio se logra con la energía del amor. Cuando el sentimiento del amor se entiende, es cuando empezamos a recibir su regalo.

Si me preguntan con qué palabras defino mi relación con Diego, puedo decir que es un amor sin fronteras. Hemos atravesado las adversidades de manera extraordinaria. Y es que vivir desde el amor parecería una obra que conlleva mucho sacrificio, pero en realidad es la manera más sencilla de demostrar que tan solo consiste en estar dispuesto a dar importancia a lo que nos da felicidad y no a lo que nos llevaría al precipicio.

Todas las personas somos capaces de recibir y dar amor, tener una sexualidad sana y formar vínculos o relaciones de amor y familia. Por ese motivo, el amor es una herramienta muy importante, ya que va más allá de cualquier adversidad. Es por ello que activar la consciencia es lo que nos lleva a darnos cuenta de lo que estamos viviendo, permitiéndonos analizar los recursos que poseemos para superar aquella condición.

Al experimentar una discapacidad, la predisposición de mi pareja me dio a entender que el amor también es una decisión, y el hecho de que él me ame sin condición, me brindó seguridad emocional

Nuestra rutina para el amor incondicional

Junto a Diego nuestras actividades cada día empiezan a las seis de la mañana: se levanta, me ayuda a corregir mi postura, nos abrazamos y me facilita el celular para realizar mi meditación. Él va a ordeñar tres vacas y entrega la leche cerca de casa. Mientras tanto, yo subo contenido a las redes sociales y, de ser el caso, miro mi planificación para ver si existen horas de sesiones que tengo ese día, alguna reunión o si tengo que crear contenido para marcas de crecimiento personal. Así, cuando él regresa, yo he terminado mis actividades y me ayuda con mi aseo personal: me peina, prepara el desayuno y me paro en la verticalizadora durante una hora. Luego de ello me quedo frente al computador e inicia mi día laboral, y Diego, la de él.

A las once me provee las vitaminas, me ayuda a ponerme en la cama para acostarme por un rato y evitar que se me hinchen los pies.

A la una de la tarde —después de almuerzo— ejercito mis brazos en una polea, hasta que el resto de la tarde él hace sus ocupaciones, igual que yo cumplo con mis actividades.

Me he dado cuenta de que su amor, apoyo, paciencia, comprensión y compañía han sido importantes en este camino, actos que puedo apreciar en los días de calor, en los que él me ayuda a ponerme en la silla y me moviliza debajo de los árboles. De igual manera, en los días fríos me sugiere vestir con tanta ropa que hasta parezco tener un traje de astronauta, todo sin olvidar los deliciosos jugos que me prepara en el desayuno.

En fin, está muy pendiente de mi bienestar, y es que esto también fue provocado desde el principio de nuestra relación, desde el primer día cuando nos conocimos yo me mostré amorosa con su manera de ser, he visto lo que verdaderamente importa y esto engloba muchos factores que van desde sus acciones hasta sus palabras y sentimientos.

Es por eso que dentro del marco del amor y a pesar de la adversidad, nos mantenemos juntos en nuestra relación. Reconozco que siempre he manifestado hacia su persona expresiones que inspiran un gran sentido de merecimiento, lo halago por su forma de ser y expongo sus fortalezas más que sus errores o debilidades.

Diego y yo seguimos juntos, y soy cariñosa desde siempre. Para muestra de ello es que en una de las rehabilitaciones de hidroterapia se encontraba ayudándome a cambiar mi ropa para ingresar a la tina de hidro; la licenciada nos escuchaba reír y yo le decía palabras de afecto. Entonces, indagó:

—¿Abigail ha sido siempre así de cariñosa o es ahora que está así?
—Sí, esto es de siempre, anda dando cariño cada momento que puede… —respondió Diego:
—¡Claro!, —yo repliqué—, ¡ajáaa!, pero tengo mi carácter, —él empezó a reír— Solo llora cuando no sabe qué hacer, pero eso sí, una vez que retoma el control, nunca se da por vencida … —y, bueno, reímos todos…

La fortaleza de Diego y su paciencia son dignas de admirar, y a estas experiencias se suman otras; por ejemplo, cuando en la calle nos encuentran personas siempre nos preguntan que cómo hacemos para estar juntos como pareja, cómo vivir el día a día, y con una sonrisa fresca dice él: "En nuestra relación no hay limitaciones; yo aprecio el amor de Abigail porque sigue siendo una mujer. Desde que la conozco le he dicho que no tiene segunda opción más que yo a ella y ella a mí, y la acompaño en su situación porque sé que algún día tiene que volver a caminar. Mientras tanto, ella se merece que yo esté a su lado…

Por mi parte, cuando yo lo escucho hablar a él, mi corazón se derrite de amor, hemos ido juntos de viaje por cuestiones de mi salud y disfrutamos del momento, por supuesto, que en estas aventuras también mi mamá es nuestra compañera de ruta y juntos la pasamos bien, nos encanta el mar, comemos lo que nos gusta, vamos de compras, es una bendición disfrutar a lado de ellos, soy tan bendecida…

En 2020, la pandemia nos llevó a tomar una decisión crucial y entonces vine a vivir por completo a la casa de los padres de Diego. Mi amada madre junto con Juliana, que aún no contrae compromiso no obstante sus veinte años, vienen con frecuencia, puesto que viven a treinta minutos de distancia, y platicamos y planificamos las compras de alimentos y medicinas; también lava mi ropa. Adel viene a visitarme en pocas ocasiones, pero me ha dado dos sobrinos maravillosos.

Durante el verano, Diego, Isa, Gaby y yo vamos al río y nos divertimos por largas horas. Además de Gabriel, el papá de las niñas, es un innovador imparable y enfermero de profesión. Él ha sido quien me ayuda suministrando los sueros multivitamínicos cuando lo requiero.

Al fin y al cabo, la vida me permitió avanzar sin importar la condición en la que me encontraba, y me puso en el camino al hombre ideal y más personas que, aunque no están todos los que yo hubiese querido que estén a mi lado, se quedaron los que en realidad decidieron estar conmigo a cabalidad, entendiendo yo que eran los indicados para mi evolución.

Aquellas creencias de inseguridad sobre el amor que antes se alojaban en mí, desaparecieron, y puedo decir que todo parte de cada persona, porque antes de querer cambiar el mundo de afuera, tenemos que transformar el que llevamos dentro.

**Yo tenía una nueva oportunidad para vivir
y no podía darme el lujo de desaprovecharla.
Debía continuar,
a pesar de lo desafiante que fue
enfrentarme a mí misma.**

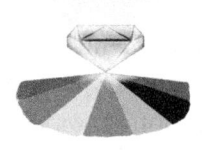

ARCOÍRIS DE DIAMANTES

DIAMANTES

Cada palabra que he plasmado es como un manantial en el que de manera transparente te he compartido mi historia, y en este capítulo puedo resumir que en todo el trayecto de mi vida he sido guiada por el amor de Dios que ha sido el pilar fundamental para salir victoriosa y por más compleja que haya sido la situación, jamás he estado sola.

Pero…, ¿para qué tuve que enfrentar tantos desafíos? Hoy lo defino como facetas que han enriquecido mi ser, llevándome a escalar y conectar con mi verdadero propósito.

Reconozco que el haber experimentado lo que he pasado es lo que en este momento me lleva a compartir mi realidad desde otro enfoque, porque he identificado que cargamos con conflictos emocionales que, si se atienden a tiempo, se puede prevenir serias consecuencias con nuestra salud.

ARCOÍRIS

Cuando eres amado del Señor, toda tu historia existencial cambia porque aceptas el amor de Dios poniéndolo en primer lugar, a pesar de todas las situaciones. Búscalo todo el tiempo, cree y Él empieza a obrar sobre tu vida.

Parafraseando una lectura que hice sobre un trabajo de investigadores de la Universidad de Oxford, palabras más, palabras menos, ellos descubrieron que las personas que creen en Dios y tienen mayor conexión con ellos mismos son capaces de sentir menos dolor físico que las personas escépticas. En su investigación ellos reunieron a un número de personas para investigar si el nivel del dolor era igual en ambos grupos al exponerlos a cargas eléctricas.

El increíble hallazgo lo detectaron a través de los escáneres cerebrales de los voluntarios que fueron sometidos a las descargas eléctricas y demostraron que los que traían a su mente textos de la Biblia y hábitos de presencia plena, sintieron menos dolor que los ateos y agnósticos. Las imágenes de los cerebros de los voluntarios creyentes y expertos en meditación mostraron que el lóbulo frontal se iluminaba cuando pensaban en la contemplación de Dios o en la conexión cuerpo, corazón, mente, creando un efecto placebo y la analgesia, mientras que el lóbulo parietal se oscurecía o dejaba de estar en modo de alerta.

Por tal razón, leemos en Isaías 41:13: *"Porque yo soy el SEÑOR, tu Dios, que sostiene tu mano derecha; Yo soy quien te dice: 'No temas, yo te ayudaré'"*. Así es cómo la ciencia comprueba la efectividad de Dios y su palabra, sumada con la intención de tu corazón.

CARBONES

Para cambiar, debes estar dispuesto con un corazón agradecido.

Empezar el camino de autodescubrimiento deberás hacerlo observando tus pensamientos y emociones con mayor claridad, sin creer que tienes la verdad absoluta porque solo tú conoces lo que llevas dentro.

Si te das una pausa en medio del torbellino de la vida, esa pausa te permitirá ir ascendiendo niveles de consciencia, lo cual es profundo y revelador, pero los resultados son extraordinarios porque, pese a todos los inconvenientes de la vida, siempre puedes lograr lo que te propongas.

PARTE II:

MANOS A LA OBRA

Reescribiendo mi historia

TRABAJAR LAS EMOCIONES...

PUEDE SALVARNOS LA VIDA

TRABAJAR LAS EMOCIONES...
PUEDE SALVARNOS LA VIDA

Pasar de la Teoría a la Práctica

Hasta hoy han transcurrido siete estaciones desde que llegó a mi vida el gran reto de enfrentar una discapacidad y, entre tempestades, brisas y lluvias, puedo decir que en mi vida, por muy complicada que sea la situación, siempre hay días florecidos, iluminados y brillantes como el Sol.

En ocasiones, pasamos buscando fuera de nosotros cosas materiales: una casa, un carro, viajes, dinero, poder, una profesión y todo lo que la sociedad nos ha inculcado que nos va a permitir ser felices; sin embargo, cuando llega la adversidad nos damos cuenta de que sin duda estos factores son importantes, pero lo más valioso y con un valor incalculable es lo que en realidad somos como seres humanos, en analizar sobre qué significado le hemos estado dando a nuestra existencia, situación que llegamos a ver cuándo se ha perdido la libertad de gozar con el privilegio de tener salud, y es ahí cuando se llega a comprender que cada día es una nueva oportunidad y se agradece hasta lo más sencillo como el acto de abrir los ojos cada mañana.

Cuando elegí potenciar el sentido de mi vida, pude conocer el poder que tenemos al hacer consciencia de que existe una fuerza o energía superior que gira de acuerdo con nuestros pensamientos, emociones y acciones. Al lograrlo, llegamos a entender que todo tiene un significado y que en realidad existe una razón de ser en cada experiencia de la vida, que nos sirve para evolucionar.

Es así cómo pude concluir que existe una manera sencilla que me permitió recapacitar, hacer consciencia y cambiar de actitud, a pesar de enfrentar momentos desafiantes y creo firmemente que, si me ha ayudado a mí, hasta ahora, también puede ser útil para ti.

Descubrí en todo este proceso de autodescubrimiento que las emociones, como el miedo, la tristeza y la ira, dependiendo su frecuencia, intensidad y duración, pueden impactar, de manera negativa o positiva, nuestra salud física, ya que cuando pasan a convertirse en sentimientos ocasionan cambios con regularidad en nuestro estado de ánimo.

Por ejemplo, si nos encontramos frente a situaciones que demandan estrés, empezamos a desarrollar acciones emocionales negativas que, según estudios, han demostrado que es muy probable que el no saber canalizar la energía emocional y proyectarla hacia fines constructivos con el fin de dar una resolución positiva al problema, conlleva a contraer enfermedades relacionadas con el sistema inmunológico porque terminamos involucrando sentimientos que hacen que lo sucedido se transforme en conflicto y con ello el aumento de cortisol, lo cual termina enfermando células y, tarde o temprano, se manifiestan las dolencias.

En mi caso, busqué la razón por la cual tenía una expresión conductual que me llevaba a una implosión y reprimir lo que sentía frente a los acontecimientos desagradables que a su vez me generaban impaciencia y al mismo tiempo mantener reacciones de autodefensa, interpretando cualquier situación como peligrosa.

Fue entonces cuando descubrí que el miedo se había apoderado de mí y que la ira no siempre concluye en agresión puesto que también sirve para inhibir las reacciones indeseables que surgen en el ambiente y que, incluso, conlleva a evitar una situación de confrontación. Mariano Chóliz (2005): Psicología de la emoción.

Lo cierto es que estas dos emociones, que en su momento no supe gestionar, ahora habían comprometido mi sistema nervioso.

No obstante, honro esta segunda oportunidad y de todo corazón agradecería que el contenido que te compartiré a continuación lo pudieras enseñar en el hogar, en la escuela, colegio o universidad en alguno de los módulos de la malla curricular, porque al vivir lo que yo he vivido he comprendido que no se nos enseña a VIVIR, se nos forma, pero nunca recibimos información de cuán valiosa y única es la vida y cómo aprender a vivirla. En este momento de mi vida —mientras los rayos del sol entibian mi rostro—, con mucho amor, y habiendo cerrado un ciclo de mi vida, elegí compartir técnicas de autoayuda que de haberlas tenido desde el principio de mi proceso habrían cambiado sustancialmente los resultados. Por ello, quiero aprovechar esta magistral oportunidad de narrarles mi proceso y entregarles las herramientas que podrán aplicar en muchos otros procesos de vida, para realmente expresar: "estoy vivo y vivo realmente".

Y es así cómo iré explicando cómo aplicar cada técnica en tu vida para cambiar radicalmente esa versión negativa en una que te convertirá en esa persona plena, feliz, capaz de superar el trago amargo que pone de luto tu ser y así transformar tu propia realidad.

Ahora, ¡vamos por una vida llena de propósitos!
Empecemos…

I

Momento de Introspección

EL VIAJE HACIA MI INTERIOR

Reconocer quién soy, hacerme las preguntas correctas e identificar las emociones que guardaba han constituido un paso vital en este proceso, porque he podido levantarme cada día con una visión distinta de ver la vida analizando, interpretando y reconociendo siempre mis pensamientos, mis emociones y mis actos con la finalidad de gestionarlos y, en la medida de lo posible, evitar caer en niveles de consciencia de tristeza, depresión y ansiedad.

Para conseguir tal cambio es importante permitirnos fluir con la vida y elegir quién nos gustaría ser frente a lo que estamos viviendo.

Comprendí que cuando se habla de creencias no solo se trata de religión, también se refiere a lo que aceptamos como verdad desde nuestro punto de vista y esto tiene que ver con las generalizaciones que hemos elaborado con respecto al comportamiento, la identidad y el significado que le damos a las experiencias vividas y aprendidas a lo largo de nuestra vida, las mismas que están relacionadas con nuestros valores y nos conducen en la percepción de la realidad.

Hoy, con certeza, puedo explicarte que muchas veces pensamos que podemos cambiar un comportamiento con solo removerlo y esto es totalmente absurdo... y es que el comportamiento nunca es el motivo, sino la ruta neural que nos lleva a actuar así; por tanto, si solo renuncias al comportamiento te aseguro que aquellos resultados pueden regresar a tu vida una y otra vez hasta que aprendas que la clave está en comprometernos a cambiar y eliminar la mentira (esa que nos contamos a nosotros mismos), desde la raíz y así reemplazar la ruta neural que nos lleva a modificar aquellas acciones, en definitiva cambiar de mentalidad.

**Todo parte de un pensamiento
y, sobre la base de lo que pensamos,
de lo que ponemos nuestra atención
y de lo que hacemos,
es que nuestro cerebro cambia.**

Es así como la consecuencia de los cambios es un proceso que trae cada día bendiciones extraordinarias que te invitan a ver qué es lo mejor para ti, porque solo con ver la vida con fe, esperanza, gratitud, amor y acción, te direccionará a tener una perspectiva distinta haciéndote consciente de lo que en realidad pasa contigo cada día. Al final, este trabajo es el amor hecho visible.

**Puede que el entorno nos afecte,
pero también nos brinda una enseñanza**

Y así cómo me di paso a nuevas experiencias y comprendí con claridad el poder de la Energía del Ser.

Pero, ¿qué es la Energía del Ser y cómo se manifiesta?

Entendí que la energía lo es todo y todo lo que hay en el universo y su creación, y que a la vez somos parte de ella y justamente como seres humanos, cuando decidimos conectar con emociones como la alegría, alineadas al agradecimiento y sentimientos como el amor, nos permite conectarnos con el Ser Supremo.

Por tanto, la energía en ti y en mí se manifiesta a través de la mente, cuerpo y espíritu, siendo nuestra mente la parte subjetiva de nuestro cerebro en el que se encuentran nuestras emociones, pensamientos y sentimientos que hemos guardado, almacenado o recibido por medio de la percepción de nuestros sentidos a lo largo de las etapas de la vida.

Todo esto nos lleva a tener los resultados que se expresan en la parte física que es el cuerpo, vehículo que nos lleva a experimentar y disfrutar cada momento de la vida y que debemos estar alerta con la información de nuestra mente, y hacer consciencia de que nuestras emociones y pensamientos determinan nuestra calidad de vida.

Nuestro cuerpo es el mayor beneficiado o afectado ya que, según estudios científicos de la neurociencia, solo el 10% de las situaciones que enfrentamos en la vida es causa de los genes; es decir, por cuestiones familiares o de generaciones, se calcula que el 90% de los sucesos que a ti y a mí nos toca vivir es por causa de aprendizajes o factores externos que han marcado nuestra vida… Lo evidente es que al final nada es bueno ni malo, porque todo deja un aprendizaje.

Por último, el área espiritual —conexión que tenemos con lo divino, con Dios— que precisamente fue lo que me llevó a conseguir paz y bienestar, comprendiendo que sin su guía el camino se hace más largo de transitar.

Así mismo, tu riqueza espiritual te lleva a ser coherente y congruente, a mirar hacia adentro, a vivir bajo principios que te permiten disfrutar del camino sin importar las circunstancias, entendiendo tus emociones, cuidando tus pensamientos y palabras para mantener autenticidad en todas las actividades de tu caminar.

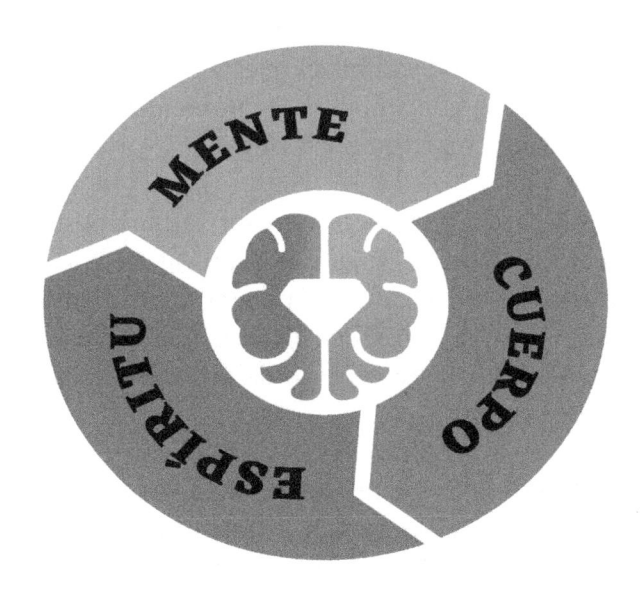

**La vida gira entorno a nuestra mente, cuerpo y espíritu...
Si uno de ellos se encuentra en desequilibrio,
se afecta nuestra existencia**

**Ahora, a lo mejor te preguntas:
¿cómo me pongo en equilibrio
con mi espíritu, mente y cuerpo?**

HERRAMIENTA I

Conócete a ti mismo

Para lograr verdaderos cambios, antes de mirar afuera debes hacer un proceso de introspección que te lleva a reconocer quién eres en realidad.

En mi caso, luego de seis años de aquel trauma, me pregunté: ¿qué quería en realidad de mi vida?, ¿qué estoy dispuesta a hacer para cambiar y sanar?... Tenía dos opciones: "vivir prisionera de mis pensamientos, postrada en una cama por el resto de mis días o decidir avanzar enfrentando mi nueva realidad para solucionar la pelea interna que me asfixiaba lentamente".

Fue entonces cuando me propuse resolver las preguntas que describo a continuación, haciendo un esfuerzo por responder en un cuaderno con mi propio puño y letra. Esta actividad me llevó a descubrir todo lo que almacenaba mi mente para salir paso a paso al fin del luto provocado por la pérdida de mi salud y centrar mi mente en los buenos momentos que me llevaron a entender que hay algo más que el sufrimiento y la lucha.

Quiero que sepas que mi corazón está contigo y busco sembrar esperanza en ti; por tanto, previo a la siguiente actividad, empiezo diciéndote:

¿Qué vas a descubrir en el siguiente test?

Al resolverlo podrás notar lo siguiente:

- Identificar tus temores, inseguridades y emociones reprimidas.
- Reconocer que posees todo el potencial para salir adelante.

Los beneficios que obtendrás son, a saber:

- Cambiar de perspectiva y trascender tus experiencias.
- Observar cuál es la fuerza de tus pensamientos y qué significado les estás dando al momento de percibir esa realidad, llevándote a reconocer tu comportamiento frente a ella.

Empieza entonces a sacar lo mejor de ti

Tabla 1

Preguntas para cambiar de consciencia

Preguntas	Detalles a Reconocer
¿Quién soy?	Es importante que lo definas porque va más allá de tu profesión o bienes.
¿Quién soy en este momento?	Hace referencia en tu actitud diaria frente a la situación que estás pasando.
¿Cuál es mi comportamiento frente a esta realidad?, ¿cómo lo estoy afrontando?	Analizar tu comportamiento te permitirá crear estrategias y soluciones
¿Soy consciente de lo que pienso, siento y hago?	Enfrentar tus pensamientos, emociones y acciones pueden salvarte de que recaigas y la situación empeore.
¿Qué emociones o pensamientos sobre experiencias pasadas aún inquietan tu presente?	Reconocerlas y evitar anularlas generan cambios positivos en tu vida.

¿Vivo para mis tratamientos o yo hago tratamientos por mí?	En ocasiones, es tan grande el afán por recuperarnos que nos olvidamos de nosotros mismos. Aquí te invito a darte cuenta de que el mundo no se ha acabado y que también puedes disfrutar aún de la vida.
¿Quién estoy siendo en este proceso?	Debes ser sincero de acuerdo con lo que estés pasando no te mientas y reconócelo.
¿Cómo me percibo?	Hasta qué punto estás dispuesto a cuestionarte tus pensamientos y creencias. Dices que no sirvo para…. o, poseo un gran potencial y yo puedo…
¿Qué es lo que menos acepto de mí?	Te invita a dejar de poner resistencia sobre lo que no te gusta y establecer actividades para empezar a valorarte
¿Soy de los que asumo las riendas de mi vida o los demás deciden por mí?	Podrás definir si eres dependiente emocional o no
¿Qué tengo que aprender de esta experiencia?	Analiza las oportunidades que se te pueden abrir con esa situación
¿Cómo considero que me perciben las demás personas?	Pregúntale a tu círculo social, ellos ven cualidades que tú no te has dado cuenta
¿En qué creo cuando no sé qué hacer?	¿Cuál es tu diálogo interno?, ¿en qué estás enfocando tu atención? ¿a tus victorias o derrotas?, ¿a quién le entregas tus preocupaciones?

¿Qué es lo más importante que tengo que perdonarme?	La culpa puede ser un factor limitante al momento de enfrentar dificultades; es bueno que sepas que para liberarte de este pensamiento es hacer consciencia de que no cometerás el mismo error dos veces.
¿Qué es lo que más amo de mí?	¿Qué amas de ti?, ¿eres autocompasivo o tu peor verdugo? ¿Es el amor propio tu mejor aliado para avanzar?
¿Qué es lo que me hace un ser único?	Siempre tendrás algo que puedes compartir al mundo, lo más seguro es que tu historia aumente las ganas de vivir a muchas personas que creen tener todo perdido.

Estas preguntas son muy profundas y yo te invito a formularlas en ti. Porque solo cuando tomamos la decisión de analizar quiénes somos, asumimos la responsabilidad por nuestra propia vida y empezamos a atravesar el muro mental en el que se encontraba el victimismo, la soledad, el dolor, la ansiedad, la angustia, la depresión **y pasamos del pánico a la vida que buscamos vivir,** encontrando el mejor tratamiento que es aceptar, amar esa debilidad que aqueja nuestro cuerpo o mente y ser autocompasivos.

Así que con mucho amor estás cordialmente convocado a resolverlas y, si puedes, escríbelas en tu cuaderno, ¡anda… inténtalo!, porque cuando escribimos pasamos el pensamiento a materia a través de la escritura y conectas con tu inconsciente y si por alguna razón existe algún motivo que te impide hacerlo puedes usar las notas de voz de tu celular y expresarlas, pero recordando que **la clave está en la intención que le pongas.**

Jamás olvides que enfocarte en **el porqué** es una forma de simplificar. Claro está, en lo personal, luego de haber pasado por una dura prueba, a mí me gusta pensar para amplificar el escenario; es decir, **¿para qué** estoy viviendo esa experiencia?, ¿cuál es la razón por la que todo lo planteado se disolvió y Dios me cambió de ruta?

Comprendí que con preguntas poderosas lograba tener una visión más clara. Esta acción en Neuro Coaching se llama Programación Neurolingüística, disciplina que permite hacer consciencia de la realidad y descubrir más a profundidad de nosotros mismos.

Continuemos, que el recorrido para una vida extraordinaria apenas empieza…

II
Momento de Introspección

*CAMBIA TU ESTADO MENTAL
Y CAMBIARÁN TUS RESULTADOS*

Creer que las cosas cambiarán es difícil de asumir cuando se está pasando por tantas vicisitudes, pero esa condición mental desesperanzada no sirve de nada. Los miedos, frustraciones, dolor, embargan nuestro ser y nuestra capacidad de pensar diferente se limita. Lo sé y lo viví en los últimos años de la experiencia con la crítica situación de salud. Te lo digo con total sentido de seguridad porque me sucedió cuando mi energía entró en desequilibrio y se manifestó en mi cuerpo con una discapacidad, el silencio nació en mi ser y las lágrimas eran mis fieles compañeras.

Así transcurrieron los meses hasta llegar al sexto mes y en medio de tantas vicisitudes elegí tomar el control de mi vida, y asumir la responsabilidad de levantarme de nuevo. Hoy analizo que dejé pasar mucho tiempo, pero tampoco puedo juzgarme por eso porque cada persona tiene su tiempo de hacer consciencia… En todo caso, reaccioné y decidí creer en mí y dejar que Dios sea el conductor de mi vida.

Además, en este transitar he analizado que como seres humanos mostramos tres caras ante la vida y en este nivel puedo resaltar el refrán que dice: "muchas veces somos candil de calle y oscuridad de la casa", porque la primera cara es como nos comportamos con nosotros mismos; la segunda es cómo nos comportamos con nuestros familiares y la tercera es cómo nos mostramos con la sociedad ya sean nuestros amigos o conocidos y, dependiendo de cada nivel en que te encuentres, te vas a encontrar con tu verdadera esencia. Entonces, hoy he tenido el valor de describir este proceso por medio de fases y en realidad pasamos por todo un conjunto de niveles que te los compartiré, con herramientas que te impulsen a obtener mejores resultados. Antes de ir hacia allá, te muestro un gráfico del proceso que vivirás a continuación, el cual hace referencia a la interpretación de mi propia historia:

TRASCENDER
Te conviertes en un ser extraordinario, has encontrado una manera de mostrar al mundo que en ti existe algo que puedes aportar y vives con propósito

SENTIDO DE VIDA
Tienes una manera distinta de ver el mundo, sin juicio y ya eres consciente de que cada experiencia suma en positivo

ABUNDANCIA
Empiezas a ver resultados de la congruencia entre tus pensamientos, emociones y acciones. Comprendes que la abundancia lo es todo y en ti se manifiesta en tu salud, mente, relaciones y riqueza espiritual

EL ENTORNO
Mantienes un estado mental en creer que el gobierno, la economía, tu familia, amigos, etc. son responsables de tu experiencia

ACEPTACIÓN
Es tu despertar, aceptas tu realidad sin la intención de darte por vencido y empiezas a interesarte por cambiar y te tomas en serio tu crecimiento personal

RENACER
Creas hábitos saludables en base a las herramientas que vas asimilando y descubres que te ayudan a tener una vida en equilibrio

Herramienta II

En primer lugar, como lo describo en el gráfico anterior, cuando enfrentamos dificultades nos encontramos en el mundo del **VICTIMISMO**, nos echamos la culpa de todo, sale a relucir el ego, creemos que las respuestas están fuera de nosotros y a toda costa evadimos asumir esa realidad.

Pasamos por un proceso de quebranto que nos lleva a señalar o juzgar a nuestros padres, esposos, hijos (si los tienes), familia, amigos y los culpamos de nuestra desdicha cuando ellos en realidad son un pilar fundamental y si no están los que tú quieres, pues otras personas llegarán, tan solo recíbelas. Dicho esto, pasemos a la acción…

Paso N° 1 Victimismo

¿Cómo saber si tienes este comportamiento?
Analiza con el siguiente test si te encuentras en este nivel.

Eres de los que....	SÍ	NO
Te quejas de todo		
Ocultas o reprimes lo que sientes, engañándote a ti mismo		
Tienes una actitud pesimista, es como si no esperas nada bueno de la vida		
Muestras una figura de lástima ante los demás		
Te mantienes atado a sentimientos frustrantes		
Esperas que los demás actúen o cambien por ti		
Vives diciendo: "por qué me pasa a mí", "no es justo", "tanto hacer para nada", "esto debe ser así", "que hice yo para merecer esto", "la gente es malagradecida", etc.		
Te mantienes atado a resentimientos por experiencias pasadas		

Listo, ¿lo hiciste?...

¿Cómo te fue?...

¡Tranquilo!... Cero juicios; sea cual sea tu respuesta, será nuestro secreto.

¿Sabes?, es importante que sepas que al principio cada persona pasa por un proceso hasta asimilar todo lo que está viviendo, para luego poder empezar a trascender esa realidad, solo si lo decide.

Por tanto, como sé que salir de ese estado es tu caso, haz lo siguiente:

¿Cómo salir de la mentalidad de víctima?

En primer lugar, antes del siguiente paso ¡debo felicitarte! Eres de los que busca tener resultados diferentes…

También, sé que es retador y quizás incómodo lo siguiente que vas a leer, pero ¡hazlo!; da lo mejor de ti...

Punto uno: Acepta tu nueva condición.

Punto dos: Cambia tu visión del mundo: ni tu entorno ni Dios son culpables de tus momentos desagradables.

Punto tres: Date la oportunidad de conocerte; esto lo logras haciéndote preguntas poderosas.

Punto cuatro: Presta atención a tu diálogo interno y analiza qué pensamientos controlan tu mente.

Punto cinco: Mantén una actitud resiliente: te impulsará a buscar soluciones.

Punto seis: Elige sanar la relación contigo mismo.

Punto siete: Empieza a honrar la vida agradeciendo que aún cuentas con ella.

Cuando esto sucede, es cuando subes al nivel dos al cual yo le llamo *Aceptación.*

Cuando *aceptas*, eliges ver más allá de tu condición y asumes que los reniegos y resistencias no te sacarán de esa circunstancia; por tanto, *aceptas* y empiezas a interesarte por tu superación personal, por descubrir el para qué has venido a este mundo, cuál es tu misión; en palabras sencillas, decides levantarte y empiezas a buscar herramientas para dejar de vivir en el sufrimiento. Y te digo que es lo mejor que puedes experimentar cuando aterrizas en este nivel, porque vas a conocerte de manera profunda.

Fíjate en algo y para muestra un botón: si en este momento te pregunto: ¿en qué estás pensando mientras lees este libro?, quizás te detienes y prestas realmente atención a tus pensamientos o emociones; claro, es seguro que afirmes que estás sentado con mi libro en tus manos o sobre tu escritorio, pero al lado, tu teléfono no para de sonar y tu mente te dice: *"luego de esto voy al supermercado, de ahí voy por los niños, hago la cena, voy al trabajo, etc.",* y qué no decir de tu cuerpo: a lo mejor te duele un músculo, sientes hormigueo, alguna tensión y así continúas tu día, que al final no disfrutaste nada por vivir en la prisa y en el no estar presente de verdad.

Por supuesto, solo tú sabes lo que sucede contigo, pero con todo esto ¿crees que vives el presente? **¡Pues, no!**

Por tanto, cuando aceptas tu realidad cambias tu manera de ver la vida sobre la base de tu circunstancia y estás alerta a tus reacciones mentales. Un claro ejemplo es cuando estamos en una conversación, la persona está hablándonos, pero nosotros, tú o yo, tenemos la mente en un millón de cosas por hacer o pensando en eventos pasados o incluso estamos pensando qué le vamos a responder sin terminar de escuchar.

¡Difícil aquietar nuestra mente!

Con toda la explicación dirás: *"A ver, Abigail, suena, lo veo, lo siento, lo percibo bonito, pero ¿qué hago en este nivel?*
Ok, respira profundo y vamos allá…

Paso N° 1 Aceptando mi proceso

En primer lugar, aquí haces consciencia de que la adversidad no es permanente y optas por tener el siguiente estado mental:

1. Lees y te preparas sobre temas de crecimiento personal
2. Disfrutas de los gratos momentos de la vida
3. Oras, meditas y agradeces
4. Dejas de ser rebelde y eres flexible
5. Aprendes a poner límites a personas que no suman en tu vida y que viven del chisme y la crítica
6. Eres selectivo con lo que eliges sentir y pensar
7. Buscas motivos que te permitan reír.
8. Sueltas, fluyes y amas los momentos no programados.
9. Eliminas medios de comunicación tóxicos

De este modo te vas convirtiendo en alguien que decidió:

- **Vivir en un eterno presente:** Es decir, tienes la capacidad de darte cuenta de que estás pasando por un momento difícil sin la necesidad de sobre identificarte con la situación, identificando y valorando los recursos que posees para avanzar.

- **Asimilar que la gratitud se aprende:** Comprendes que agradecer en todo tiempo es un gesto de amor que con el solo hecho de despertar cada mañana significa que Dios te ha dado una nueva oportunidad y te deleitas de la vida.

- **Humanidad compartida:** Significa que al reconocer que hay millones de personas que han pasado por una situación similar y que, en consecuencia, no estoy solo ni aislado y, por tanto, apreciando y reconociendo que no hay límites

mientras creas en ti, te permitirá tomar el control para seguir perseverando.
- **Amabilidad:** Se trata de tratarnos a nosotros mismos como trataríamos a nuestro mejor amigo si él estuviera pasando por una situación similar, en lugar de juzgarnos y autopresionarnos.

Así te darás cuenta de las maravillas que la vida te ha tenido preparadas, un dulce néctar que no se detiene porque vas ascendiendo y pasas a lo que yo llamo ***Renacer***.

Aquí vives la verdadera reprogramación del ser y, analógicamente hablando, es como cuando en tu teléfono tienes llena la memoria y no te deja descargar una aplicación que necesitas o tomar fotografías, etc., entonces, lo que haces es liberar espacio y borrar lo que no es útil con la finalidad de dar paso a lo nuevo. Así sucede con nuestra mente cuando optamos por despojarnos de pensamientos y emociones innecesarios que nos limitan, y que por causa de tantas creencias y vivencias adquiridas impiden sacarnos la venda de los ojos y ver más allá del horizonte.

Aquí empiezas a gobernar tu mente y decides cambiar eso que te causa malestar por lo que en realidad ayuda a tu bienestar, sin rechazar o maquillar y, ojo con esto, porque se trata más bien de aceptar y reconocer eso que te detiene y luego de autoevaluarse darle la verdadera importancia a lo que te impulsa a ser mejor. Es la razón por la que en este nivel te enriqueces con hábitos que iluminan tu vida.

Pues, sí... así como lo lees y, ¿cómo conseguirlo? Descífralo a continuación.

Paso N° 1

Mi Renacer

Crear hábitos saludables forma parte de tu nueva calidad de vida y aquí pones en acción lo siguiente:

1. Te sientes envuelto de buenos momentos; desde que te levantas afirmas que eres un imán de milagros y atraes todo lo bueno con facilidad.
2. Imaginas con detalle y visualizas la vida que quieres vivir. Aquí debes ser específico, elegir una cosa a la vez, por ejemplo: mi propósito es caminar otra vez y para esto yo me conecto con mis cinco sentidos (qué oyes, qué ves, qué sientes, qué hueles, qué saboreas). En PNL se dice: "ve lo que ves, oye lo que oyes, siente lo que sientes". Teniendo en cuenta que tienes que actuar y poner de tu parte para conseguirlo.
3. Crea pensamientos agradables y cree que eso eres. Por ejemplo, empieza así:

HOY DECIDO O ELIJO QUE...

- Yo estoy gozando de una salud perfecta
- Yo estoy viviendo en armonía conmigo y mi entorno
- Yo estoy perdonando y orando para conseguir mi propia paz

En esta parte es fundamental reconocer que existe una sensación como si tu mente va en tu contra, lo cual es normal porque has venido comportándote bajo ese patrón durante años y cambiar de la noche a la mañana es retador, pero jamás imposible.

Es así que para esto debes cambiar tus creencias y para conseguirlo date la oportunidad de ejecutar las siguientes acciones:

1. Prestar atención durante el día a tu diálogo interno.
2. Realizar una lista de las ideas negativas que fluyen por tu mente. Una vez identificadas, piensa en la palabra o afirmación potenciadora que te gustaría para sustituir esas creencias.
3. Cada día que sientas algún pensamiento limitante, cámbialo por el nuevo.
4. Repite hasta que se cree una nueva red neuronal.
5. Si te es desafiante, aprende a generar emociones de manera intencional, que te cambien de ánimo, por ejemplo: elige una canción que disfrutes de manera personal y escúchala con la

intención de animarte cuando te sientas decaído, triste o con nostalgia.

Si lo haces, por favor, escríbeme y me cuentas cómo te fue y, si requieres ayuda, estoy para ti en mis redes sociales.

De este modo, podrás construir una mejor calidad de vida alineada a tus aspiraciones y en la medida que practiques lo lograrás. De ti depende poner la creatividad para que tu mente diseñe lo que quieres y Dios lo ponga en tus manos.

En este punto de *renacimiento* también es fundamental identificar qué emociones tienes arraigadas que están afectando tu vida. Y hablando de emociones, paso a entregarte una información científica parafraseando un video que me impactó y aclaró aún más la causa de mi realidad. Entendí que las enfermedades son un producto entre las emociones contenidas y el alma, resaltando ejemplos que me dejaron analizando las reacciones de mi cuerpo, como la siguiente:

1. Una simple gripe es causada cuando el cuerpo no llora y tiene que sacar la pena de alguna manera.
2. El dolor e irritación en la garganta ocurre cuando tienes muchas cosas atoradas que no puedes expresar.
3. El estómago quema por las penas que guardas en el interior y no expresas por el temor a ser juzgada.
4. La diabetes te ataca cuando llenas la soledad con azúcares y con comida que te engorda y daña tu organismo.
5. El cuerpo engorda cuando la ansiedad llega.
6. El dolor de cabeza aturde cuando las dudas crecen.
7. El corazón se debilita cuando no encuentras un rumbo y te sientes perdido.
8. La fiebre te quema cuando las defensas ya no resisten y caen.
9. El pecho te oprime cuando la cólera y el orgullo te aprisionan y no te dejan perdonar.
10. El cáncer te derrota cuando pierdes las ganas de luchar por tu vida.
11. La presión se eleva cuando la incertidumbre y el miedo crecen.

12. Las rodillas te duelen cuando el peso de las preocupaciones que cargas te supera.

Así como lo lees, querido lector. Espero haber tenido la precisión junto a la sutileza y la delicadeza de poder transmitirlo, porque es así cómo de ese modo tan sencillo y tan profundo me permitió hacer conciencia de que la enfermedad no es mala, sino todo lo contrario. La enfermedad nos avisa cuando vamos por el camino equivocado y de esa manera poder comprender, analizar, agarrar fuerzas, volvernos resilientes y enmendar a tiempo lo que debemos corregir.

Por esa razón es importante prestar atención a todas las señales que te da tu cuerpo. No debes dejar pasar el tiempo y esperar que el mal te consuma.

Y la solución ante el primer signo de alerta es la siguiente:

1. Lo primero que debes de hacer es explorar tus emociones, identificarlas, comprenderlas y no reprimirlas ni guardarlas, **¡nunca!**
2. Si algo te lastima: **¡dilo!,** no lo calles, busca ayuda profesional.
3. Pide perdón y perdona a tiempo, así la culpa no atormentará tu existencia.
4. No guardes rencores; recuerda que cada quien da lo que tiene con los recursos que posee.

Son cuatro pasos sencillos, pero tan potentes, para desintoxicar tus emociones y así evitar sufrir debido a una complicación física. Jamás olvides que nuestro cuerpo es sabio y recibe toda la información que percibimos del exterior, y procesarla de manera correcta depende de nuestra inteligencia emocional.

Es vital que reconozcas que guardar por mucho tiempo lo que sientes te enferma y daña, porque cada dolor físico es el reflejo de un mal emocional. Al final, mis lágrimas rodaban por mis mejillas mientras leía:

> *"Cuando enfermas no hay cuerpo por curar,*
> *hay una culpa por sanar,*
> *un recuerdo que perdonar, una historia que agradecer*
> *y una mente por limpiar".*
> **Mente millonaria,**
> **Luis Fernando Lavado y Fernando Sosa**

Por todo lo que te he compartido hasta ahora, quiero que sepas que aún estás a tiempo, ya que es de esta sencilla y fácil forma de vivir que comprendes que lo que más debes cuidar es de ti mismo; cuando eso ocurre, empiezas a fluir y soltar.

Pero...

¿Cómo saber si tu cuerpo requiere sanar o recuperar energía?

Ahora te invito a descubrir si tu mente está operando bajo las experiencias traumáticas pasadas, preocupaciones o exigencias:

Paso N° 1

- Independientemente del lugar en donde estés, respira profundo tres veces.
- Presta atención al fluir de tu inhalación y exhalación que circula por tu nariz.
- Relájate y quédate tranquilo.

AHORA...

- Dile a tu cuerpo que puede hacer todo lo que él quiera.
- Luego de hacerlo, es posible que presentes las siguientes reacciones:

    1. Sensación de sueño
    2. Vienen a tu mente recuerdos que pueden ser orientados al pasado o incluso el más reciente
    3. Suspiros profundos o ganas de descansar

4. Las emociones fluyen de manera natural; quizás sientas alivio y surjan lágrimas
5. Sensaciones inesperadas en tu cuerpo, que se pueden manifestar como hormigueo, rigidez o dolor

Entonces, si llegas a presentar uno de estos síntomas es importante que empieces a tomar las medidas necesarias para poder ayudar a tu cuerpo a sanarse, porque estás haciéndolo consciente del autoconocimiento de sí mismo.

A lo mejor ahora te preguntas… **¿Qué debo hacer?**

Déjame decirte que para esto es fundamental adquirir hábitos que vayan a potenciar tu ser; por tanto:

- En primer lugar, hazte consciente de que eres parte de una fuente infinita llamada Dios, universo o como quieras decirle.
- Conéctate con el poder de tu corazón; por ejemplo, cada vez que vayas a realizar algo y sientes una corazonada de inseguridad o malestar, significa que no es por ahí y, entonces, con la voz de la intuición aprenderás a tomar las mejores decisiones.
- Conéctate con la naturaleza
- Satisface a tu cuerpo con las horas de sueño necesarias
- Mientras realizas tus actividades diarias, date un descanso y respira profundo, conéctate con las sensaciones de tu cuerpo o bebe algo que te guste
- Realiza ejercicios, arréglate, ponte linda
- Consume alimentos saludables a las horas indicadas

Todos los pasos antes mencionados son claros índices de que tu cuerpo requiere sanarse y, por tanto, tú eres el único que puede darle la medicina que te está solicitando. Por esa razón, te he compartido la solución en acciones sencillas y fáciles de aplicar. Una vez que pases por este proceso, tu cuerpo manifestará los siguientes signos de autosanación, que mostrarán claros índices de vitalidad.

Entonces, realiza las siguientes actividades:

1. Respira tan profundo como puedas por varias ocasiones y siente el flujo del aire que fluye por tu nariz.
2. Ahora permanece tranquilo y dile a tu cuerpo de manera amable que haga lo que él quiera.
3. Las reacciones de tu cuerpo ahora serán de alegría, de quietud, una sensación de paz, de amor, de admiración y gratitud por todo lo que hasta ese instante tienes en tu vida e, incluso, sentirás satisfacción por aquello que anhelas y que sabes que tarde o temprano llegará a tu vida.
4. Ahora dibuja una sonrisa en tus labios y regresa tu atención a la respiración.
5. Al abrir tus ojos es posible que este nivel de consciencia de plenitud te haga sentir realizado y lleno de felicidad.

Mis preguntas son…

¿En qué posición te encuentras?

¿Qué te dice tu cuerpo?

Piénsalo, y en cualquiera de los casos, estás en tu mejor momento…También, en este instante siento que por tu mente fluyen muchos pensamientos y te doy la razón, porque al principio dentro de mi ser surgía mucha resistencia; sin embargo, cuando decidí hacerlo, durante repetidas ocasiones día tras día, mi vida empezó a cambiar de manera provechosa.

Tómate tu tiempo…

Pero no tanto ¡ehhh!…, porque **¡UNA VIDA SIN LÍMITES TE ESPERA!**

Y es así, con pasos pequeños a simple vista, cuando comienzas a comprender el significado real de muchas palabras que usamos sin sentido, por ejemplo, la **abundancia y la prosperidad.** Es justo después de haber transitado cada fase cuando despiertas y puedes abarcar la gran diferencia que existe entre ***abundancia y prosperidad.***

LA ABUNDANCIA

Justo aquí empiezas a sentirte merecedor de todo lo bueno y pasas al nivel de abundancia, y puedo mencionar que para entenderla lo primero es comprender que ya eres parte de ella, que has sido creado en un mundo en donde lo tenemos todo y la ***prosperidad*** es la añadidura que viene cuándo se cambia el estado mental; por tanto, tu ***abundancia*** como ser humano se encuentra en tus relaciones, en tu mente, en tu salud y en tu riqueza espiritual.

Así mismo, amado lector, y continuando en este proceso quizás hasta este nivel, es posible que hayas conectado con tu corazón cuando me refiero a los cambios de nuestra mentalidad, a cómo conectarnos mejor con nosotros mismos, nuestros seres queridos, con nuestros amigos y así mismo cómo influyen nuestras emociones en nuestra salud. Sin embargo, en cuanto a la riqueza espiritual es lo que en ocasiones evadimos debido a lo que la sociedad nos ha inculcado, pero cuando descubres que existe una fuerza superior que está lista para entrar en tu vida y te va a guiar es cuando empiezas a vivir bajo principios éticos, morales, desde el amor, desde la lealtad, desde la misericordia, el valor del perdón, el compromiso, la compasión y la paciencia.

Este es un mundo nuevo que cuando lo exploras y navegas dentro de ti. Te das cuenta de tu verdadero potencial, y al fin te vuelves imparable y bendecido porque nada te puede detener más que tu propia mente.

Por tanto, te conviertes en un ser que vive desde el amor, y encuentras el ***sentido a tu vida,*** comprendes sin juicio tus acciones y la de los demás, y cuando digo sin juicios me refiero a que te desconectas de la crítica destructiva en todo sentido; sin embargo, si eres juicioso al elegir lo mejor para ti y no permitir que te afecte o lastime situaciones externas, es así como cada día obras por alcanzar tu mejor versión hasta que tus propios ojos testifican tus avances y el entorno se siente asombrado de esa nueva persona que eres, ayudas a los demás independientemente de la situación en que te halles, buscas expandir tu misión de vida, tu razón de ser y empiezas a iluminar a más seres para que encuentren la verdadera felicidad; FELICIDAD que hoy la puedo definir como una sensación de bienestar que depende de la percepción de cada uno frente a sus propias experiencias.

Por tanto, habrás entrado en un nivel de *trascendencia;* es decir, que ahora has descubierto que tienes las capacidades, inteligencia emocional, habilidades, destrezas y todos los recursos internos para sacar lo mejor de ti frente a la adversidad y tu afán de triunfo te ha convertido en alguien que se mantiene firme en mejorar, destacar y responder ante estándares de excelencia, y en este nivel eres un ser con un potencial capaz de vivir en equilibrio y en armonía.

Pues, bien…

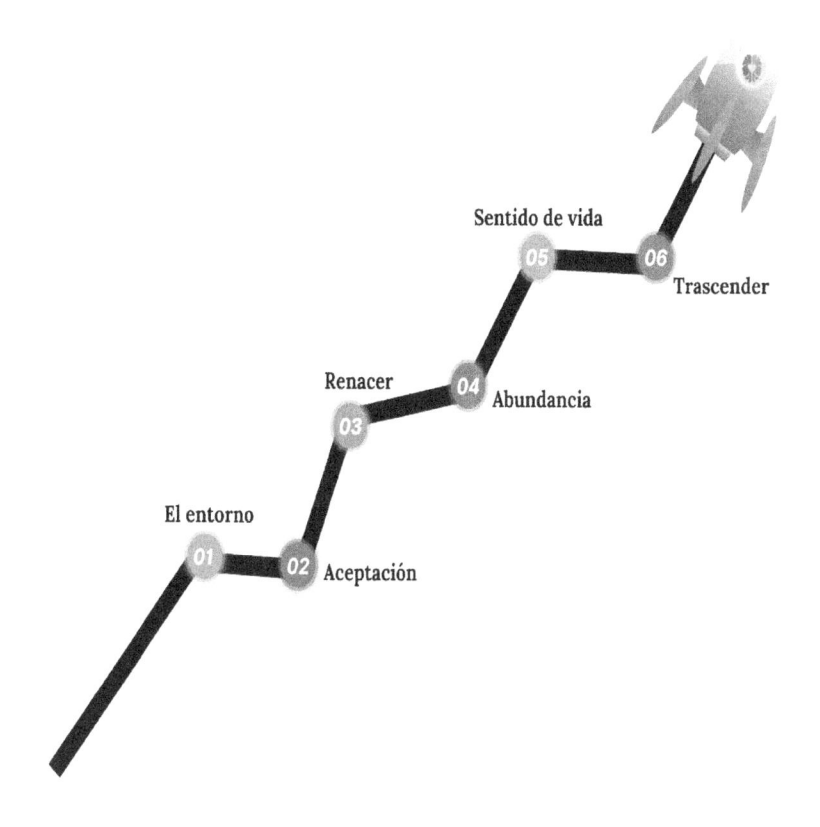

Diagram: 01 El entorno → 02 Aceptación → 03 Renacer → 04 Abundancia → 05 Sentido de vida → 06 Trascender

En un rango del 1 al 10, ¿en qué nivel crees que estás tú?

La idea de todo este proceso consiste en invitarte a entender cómo funcionamos y en lugar de luchar o huir de tus pensamientos y emociones, procurar aceptarlos y abrazarlos para abrirte a las oportunidades y crecer con las enseñanzas de esa situación.

III

Momento de Introspección

7 OBSTÁCULOS QUE PERCIBES EN TU MENTE FRENTE A UNA DISCAPACIDAD

El día en que perdí la fuerza muscular, sentí que también se habían ido mis ganas de continuar, y es que de ninguna manera no se puede minimizar el hecho de que de la noche a la mañana tu vida cambie bruscamente y que eso pudiera ocurrir en cualquier escenario.

Entonces, mientras estaba en el hospital, en una habitación inmensa del Departamento de Neurología, sin aire acondicionado, y en una época invernal muy calurosa, sobre un colchón antiescaras, con mi cuerpo con ardor intenso y afuera una temperatura de 35° grados, miré a mi alrededor y analicé a todos los pacientes. Unos estaban igual que yo, algo confundidos, pero con pensamientos similares a las siguientes ideas:

- Jamás me voy a recuperar
- Soy una carga
- Todos mis esfuerzos son en vano
- No lo voy a conseguir
- El tiempo pasa y sigo igual
- Mi familia se cansará de mí
- No tengo dinero para solventar esta enfermedad

Frases como estas son muy escuchadas y, aunque muchos no las dicen,
igual pasan por nuestra mente limitando nuestra existencia.

Herramienta III

Para contrarrestar estos pensamientos catastróficos, te pueden ser útil los siguientes pasos:

Paso N°1

Cuéntate la verdad y acepta el proceso

Todo en la vida es transición y cuando enfrentamos un camino retador lo importante es dejar de alimentar esa experiencia creyendo que eres desafortunado, si no, accionar y buscar oportunidades en ese nuevo sendero que vas a seguir.

En mi experiencia, aprendí que mientras menos tiempo pases resistiéndote a las situaciones que te suceden en la vida, más pronto saldrás de ese hoyo que no llega para bloquearte sino para enseñarte de lo que eres capaz de lograr.

Paso N° 2

Permítete descubrir contenido que te aporte valor

Súmate a vivir desde el poder de la *Gratitud*

Para mí la *gratitud* es como cuando tú tienes un abanico que mientras lo tienes cerrado no puedes recibir sus beneficios de apaciguar tu calor, pero al abrirlo te brinda la solución a tus requerimientos.

Eso es lo que pasa con nuestra mente cuándo nos limitamos a transmitir y sentir el sentimiento de la gratitud; caso contrario, cuando damos el paso de que no nos importe el qué dirán y simplemente nos abrimos a decir gracias por todo lo que nos pasa y entonces empezamos a entender su verdadero significado.

Fíjate en algo, a menudo escuchamos en películas, libros, podcast, videos y más acerca de la importancia de la gratitud, pero pocas personas conocen sobre la cantidad de estudios y las conclusiones a las cuales han llegado los científicos.

Se ha descubierto que el tener una actitud de gratitud es la clave para atraer la felicidad, tener relaciones saludables y en lo que a mi concierne me permitió bajar los niveles de estrés en mi vida y gozar de una mejor salud; por tanto, se convierte en un estilo de vida si así lo eliges.

Sentir este sentimiento es valorar hasta los más pequeños detalles de la vida y centrar la atención a todas las bendiciones que siempre son más que las derrotas; es decir, siempre el verdadero sentido de la vida lo definirá tu capacidad mental, que es interna, y no los factores externos.

Cuando te sientas débil por las circunstancias actúa desde la *gratitud*:

- Busca entornos que te permitan sentirte vivo; por ejemplo, desconéctate de la tecnología.
- Si se te dificulta movilizarte, pide ayuda a tu mamá, pareja, amigos, familiares diles que, por favor, te lleven a espacios abiertos para apreciar la naturaleza, sentir el sol en tu cuerpo y las caricias del aire en tu piel; todo esto hace que retome fuerzas y tu mente se despeje de inquietudes, volviendo al agradecimiento, logrando paz y calma interior.
- Una herramienta que me sirvió de una forma sorprendente fue la escritura, escribir a mano… de una manera que aún no puedo llegar a explicar. Volver a escribir cambió mi vida.
- Intenta hacer lo que antes hacías si tu lesión afectó tu parte motriz y tus manos perdieron fuerza, intenta lo que yo hice: trata de coger objetos o escribir; no obstante, agarrar un lapicero será complicado, por no decir que casi imposible. Compra una caja de lápices de colores, un manual para colorear, un cuaderno, lapiceros y empieza a practicar, intentando cada día durante

horas, notarás que alrededor de unas semanas después ya estarás logrando rasgos y diseñando tu escritura. Sobre este tema empecé a leer sobre Neurociencia y estudié sobre los campos que abarca y, entre ellos, que la Neurociencia ha demostrado que escribir a mano contribuye a la expansión cerebral y a impulsar la inteligencia.

Así mismo, la ciencia muestra que el agradecimiento reduce los altos niveles de cortisol y conecta con emociones de alta frecuencia vibratoria como la dicha, el amor y alegría; así también puede ayudar a las personas a enfrentar mejor los desafíos del diario vivir, optimizar tus capacidades cognitivas, desarrollar y mantener buenas relaciones sociales y gozar de un mejor estado de salud física.

En un estudio realizado por Emmons y McCullough en la Universidad de Oxford en el año 2003, creado con el objeto de estudiar científicamente las fortalezas y virtudes humanas que contribuyen a una vida de bienestar psicológicamente óptima, en varios ensayos les pidieron a los participantes que probaran diferentes **ejercicios de gratitud,** como pensar en una persona a la cual estuvieran agradecidos. Escribir para alguien que les hubiera hecho un favor agradeciéndole y entregar esa carta, significó mucho.

Los participantes que se involucraron en un ejercicio de agradecimiento mostraron un incremento en sus emociones positivas, inmediatamente después de realizar el ejercicio y este efecto resultó más fuerte en las personas a las que se les fue pedido que pensaran en la persona por la cual ellos estaban agradecidos.

Los participantes que tenían personalidades agradables obtuvieron los mayores beneficios en estos **ejercicios de *gratitud.***

Manos a la obra:

En el siguiente ejercicio voy a invitarte a que te detengas, respires tres veces de manera profunda y pausada. ¡Eeeso es… Lo hiciste genial…!

Ahora, piensa en esa persona o cosa por la cual estás agradecido o escríbele una carta. Vas a notar el cambio que se va a generar en tus emociones. Mi recomendación es que repitas este ejercicio en una hora específica del día, quizás al levantarte o antes de acostarte, hasta que puedas convertirlo en un hábito.

Cuando escribas la carta de *gratitud* a un objeto (por ejemplo, yo he agradecido a la silla de ruedas que me permite movilizarme y a la vez cada día acciono para soltar esa relación y conseguir caminar), así mismo a un amigo, a un familiar puedes agradecerle por los siguientes detalles:

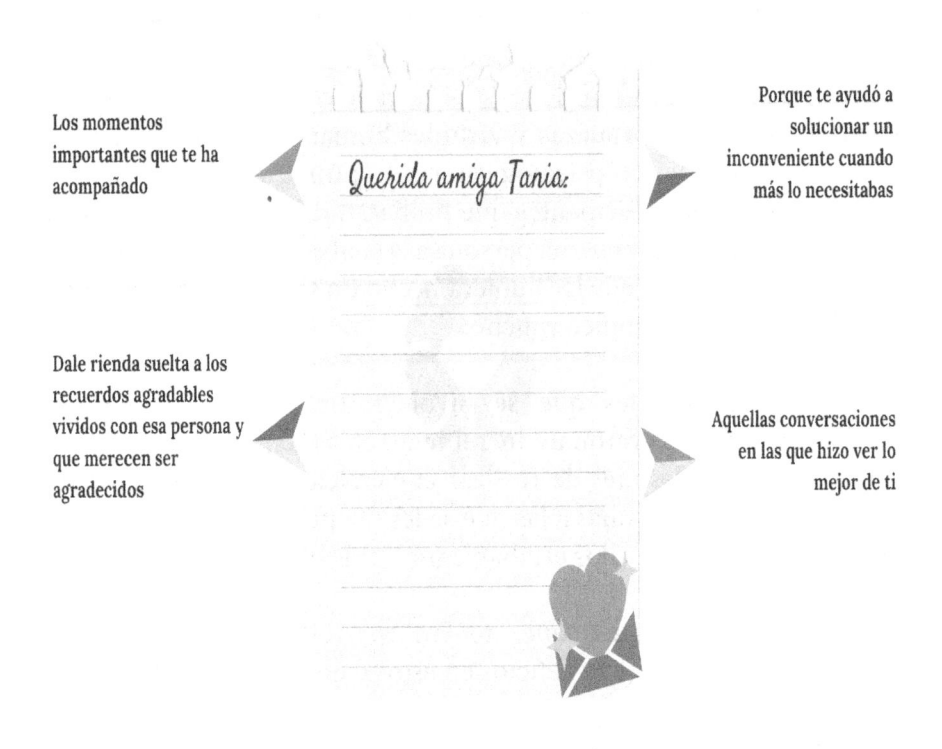

Los momentos importantes que te ha acompañado

Porque te ayudó a solucionar un inconveniente cuando más lo necesitabas

Querida amiga Tania:

Dale rienda suelta a los recuerdos agradables vividos con esa persona y que merecen ser agradecidos

Aquellas conversaciones en las que hizo ver lo mejor de ti

Continuemos...

En otro estudio realizado por R. McCraty, B. Barrios-Choplin, D. Rozman, M Atkinson & A. D. Watkins en el año 1998, publicado en la revista Integrative Physiological & Behavioral Science, 32 (2) 151-70, reunieron a adultos con enfermedad neuromuscular y realizaron una intervención de 21 días de **gratitud**.

El resultado fue un incremento en sus emociones positivas, un gran sentimiento de conexión con otros y se notaban más optimistas con su vida.

Este último estudio me mostró que no importa la edad en la que se te presente una situación difícil, y depende de ti si te das por vencido porque todo parte de la forma en la que quieras percibir la vida y siempre puedes buscar la manera de avanzar envolviéndote en el círculo virtuoso de la **gratitud**.

Como puedes ver, todo tiene un significado y, aunque seas escéptico, no tienes excusas para darte la oportunidad. Pruébalo por ti mismo con el ejercicio de 21 días de *gratitud*.

Utiliza una agenda y escribe diez razones por las que te sientes agradecido. Al despertar agradece y en el transcurso del día da gracias a las personas que te ayudan y bendice a las que opinan mal de ti.

También, da gracias por las situaciones que vives sin ponerles etiquetas de bueno o malo, recuerda que todo deja una enseñanza.

A continuación, las instrucciones y un ejemplo:

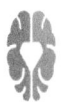

CON TODO TU CORAZÓN VAS A AGRADECER POR TODO LO QUE TIENES Y ERES Y CUANDO ESCRIBAS AGRADECE POR:

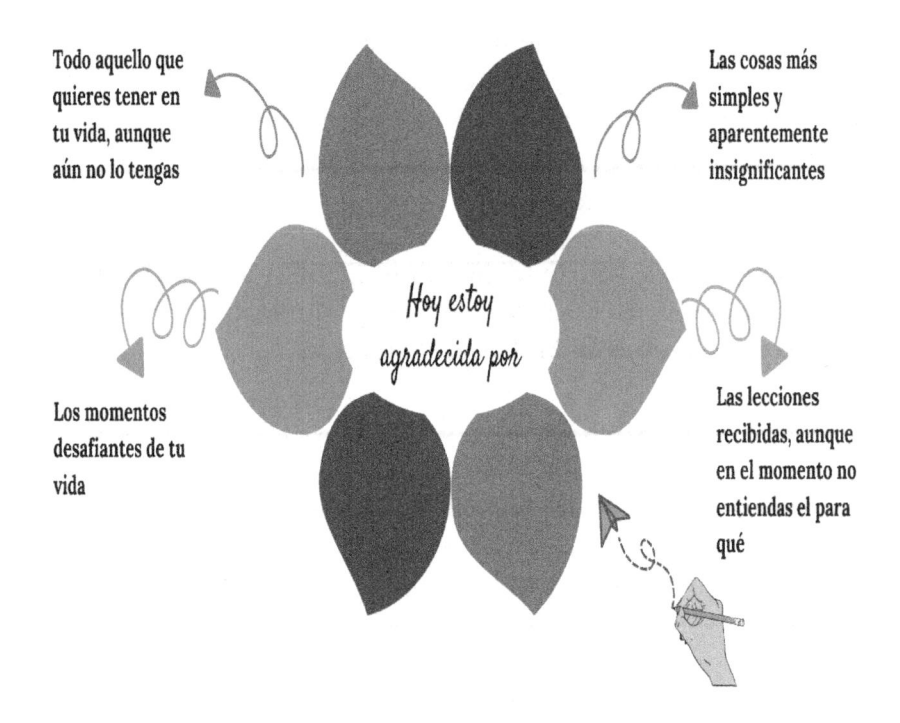

- Todo aquello que quieres tener en tu vida, aunque aún no lo tengas
- Las cosas más simples y aparentemente insignificantes
- Los momentos desafiantes de tu vida
- Las lecciones recibidas, aunque en el momento no entiendas el para qué

Hoy estoy agradecida por

IV

Momento de Introspección

VIDA BASADA EN VALORES

Hoy mi alma se siente plena y con ganas de vivir con intensidad el momento presente; busco rodearme de seres humanos que valgan la pena, que me enriquezcan y llenen mi vida de motivos que tengan sentido.

He aceptado esta experiencia como un toque suave que me dio la vida para despertar y ver cada amanecer con mayor *Fe* que la de antes, porque este poder personal de cambio me hizo desarrollar la confianza, lo cual me llevó a adaptarme a lo nuevo, a buscar las mejores oportunidades de crecimiento, a cultivar la empatía y tener sentido de pertenencia, lo mismo que me permitió expresar mi comportamiento de manera auténtica, compartiendo mis puntos de vista y conocimiento sin miedo a ser criticada o señalada por mi manera de ser o características físicas.

Un ejemplo de esto es el mensaje que recibí de Mary Lou Adarme, una amiga y mujer extraordinaria, que me impulsó a cambiar mis creencias sobre el dinero; escuché de ella el término de fortalecer la voluntad y luego de analizar esta frase la tomé como parte de mi diario vivir que implica desde la toma de mis decisiones, hasta exponer mi vida a una nueva realidad, teniendo autocontrol e inteligencia emocional.

Para conquistar este proceso me di cuenta de dos aspectos importantes:

Herramienta IV

¿Cómo fortalecer tu voluntad?

La construyes bajo la fuerza del amor propio y autoestima al incorporar valores que te permitan conectar con tu esencia y los nuevos pilares que hayas aprendido de tu experiencia.

¿Por qué amor propio y autoestima?

En primer lugar, el amor propio te permite aceptarte tal y como eres, cuidas de ti, aprendes a perdonarte a ti mismo y expresas tus emociones sin remordimientos o miedos. Del mismo modo, la autoestima que es muy diferente el amor propio, al desarrollarla hace que te liberes del ego que es la causa que te vuelve adicto a la aprobación, el control, el poder o la seguridad, y te lleva a desconectarte de acontecimientos y circunstancias del pasado con la finalidad de mostrarte con tu verdadera autenticidad. Ten en cuenta que no tiene nada que ver con tus posesiones, dinero o estatus ya que al tener fortalecida tu autoestima no te importan las buenas o malas opiniones de los demás, ni la apreciación que tengan de ti sobre tu estatus social.

Con estas dos raíces surge el fortalecimiento de la voluntad porque no podemos empezar nada si no nos amamos y somos personas que nos mostramos genuinas ante la vida. Cuando tienes claridad de quién eres en realidad, te permite mostrarte flexible ante los nuevos eventos que se te presentan y te impulsa a ir construyendo paso a paso hábitos para conseguir una mejor calidad de vida definiendo un claro enfoque de tus valores, que ya están en ti, pero que estaban ocultos por una cortina de humo que nubla tu mente.

Entonces, cuáles valores reconocerás o desarrollarás en ti:

- **CONFIANZA:** Te permitirá creer en el poder del ser superior y de ti mismo, te encomiendas con la convicción de que cada día tú ya eres un milagro y das el paso con seguridad, buscando cómo puedes aportar al mundo.

- **PACIENCIA:** Si has vivido una vida apresurada, frente a la adversidad comprendes que nada es para ayer y que cada día trae su propio afán, ¡relájate y vive!
- **RESPETO:** Valoras el esfuerzo de tus seres queridos y no juzgas tu condición y mucho menos la ajena.
- **AMOR:** Te lleva a ser compasivo, vulnerable y mantienes el control de la situación porque no te lastimas; es decir, actúas desde el corazón y no por impulso.
- **HONESTIDAD:** Dices lo que sientes y eres desde el corazón. Te cuentas la verdad a ti mismo, la asumes y demuestras lo que eres en realidad sin vivir de apariencias.
- **VALENTÍA:** Es un acto heroico que nace de ti y te lleva a actuar con coraje. Te impulsa a enfrentar la adversidad con sabiduría y al mismo tiempo desarrollas la capacidad de reconocer tus errores, enfrentando tus propios miedos e inseguridades.
- **CARÁCTER:** Es un valor que te permite enfrentar los acontecimientos que vives asumiendo el rol de protagonista. Es importante reconocerlo y mantener una posición íntegra, espontánea y auténtica de ser, haciendo que tu actitud ante la vida sea de un triunfador decidido y capaz de lograr trascender las circunstancias viviendo desde la Fe.

V

Momento de Introspección

CÓMO SUPERAR EL LUTO POR LA ENFERMEDAD

Experimentar en un abrir y cerrar de ojos una condición traumática que limita nuestro cuerpo, es un sentimiento profundo que nos lastima y nos duele.

Pasamos viendo fotografías de cuando estábamos bien y recordando el pasado una y otra vez. Vivimos sumergidos y encapsulados en una burbuja de pensamientos que poco a poco, en lugar de encaminarnos a superar la nueva condición, nos aleja, condición mental que puede causar complicaciones en la salud mucho más graves.

Día tras día aquella pérdida se vuelve una monotonía con pensamientos orientados al pasado, por lo que se convierte en una situación crítica debido a la confusión mental y el dolor emocional que causa la enfermedad.

Es por este motivo que el luto no solo se trata por una pérdida familiar, por la compresión que se causa en tu corazón por motivo de una enfermedad también y para esto te invito a realizar lo siguiente:

HERRAMIENTA V

CONVIERTE EL DOLOR EN PODER DE TRANSFORMACIÓN

Para conseguir salir de la confusión mental y el dolor emocional, te invito a desarrollar la resiliencia y así ir superando poco a poco el luto causado por la enfermedad o cualquier otra situación.

¿Cómo conseguir superar esa realidad?

1. Permítete sentir, es normal mostrarte vulnerable, y eso no quiere decir que seas débil; al contrario, es darte la oportunidad de expresar tus sentimientos.
2. Aférrate a Dios: Él te dará las fuerzas suficientes y te sostendrá para que salgas victorioso. Puede sonar prematuro porque en el momento de la crisis sentimos mucha confusión interior; sin embargo, es el mejor paso que podemos dar.
3. Evita negar la condición por la que estás pasando; estancarte en la negación te impide salir más pronto de aquella situación.
4. Socializa, mantén comunicación con familiares o amigos lo cual te ayuda a no darle cabida al aislamiento; recuerda que mantener relaciones saludables es vital. Tú nunca sabes de dónde puede provenir alguna ayuda o solución a tu problema.
5. Reconoce cuando sientes miedo, tristeza o frustración para que las puedas regular de esa manera y del mismo modo manejar sentimientos como invalidez, culpa o vergüenza.
6. Piensa positivo; este punto es de vital importancia porque, aparte de enfrentar tu situación, debes ser tolerante y comprender que aunque tú tengas la mejor actitud habrá días en los que tu familiar o cuidador se sienta ansioso o de mal genio, acontecimientos que al tú notarlos te pueden desequilibrar; por tanto, en esta situación sé flexible y cuando veas todo en calma establece una conversación en la que tú comentes tus logros, de esa manera la persona podrá reencuadrarse y analizar todos los avances que han logrado juntos.
7. Aprende a valorar el apoyo de quienes te rodean; es probable que tu familia se aleje e, incluso, a quienes en algún momento les extendiste la mano ahora no estarán contigo, pero eso no importa porque si tú pones de tu parte y te liberas de resentimientos y perdonas, ten en cuenta que siempre existirán los seres idóneos que te ayuden a salir adelante.
8. Evita identificarte con la enfermedad, deja de decir: "yo tengo cáncer", "yo tengo diabetes", "yo tengo ansiedad", etc., reemplaza esas expresiones por las siguientes expresiones: "los médicos diagnosticaron (di lo que estás experimentando)", recuerda que todo es pasajero.
9. Ante signos de depresión o ansiedad, busca ayuda profesional.

Recuerda que siendo resiliente podrás superar los obstáculos, aprendiendo a no ceder ante la presión y logrando que te adaptes al cambio para que salgas fortalecido de la adversidad.

Una técnica que te vendría de gran utilidad es la meditación porque te ayuda a mantener el equilibrio frente a cualquier situación y al desarrollarla te brinda:

Claridad mental: Lo primero es que entiendas cuál es tu respuesta ante la adversidad; una vez que comprendes qué sucede en tu cuerpo ante una situación de estrés, puedes aplicar prácticas de *mindfulness* para manejar situaciones adversas con mayor sabiduría y fortalecer tu resiliencia personal.

Una técnica para regular tus emociones se llama DROP y consiste en que cuando estés en una situación estresante te **detengas** y por un momento dejes lo que estás haciendo evitando reaccionar de manera impulsiva y pongas atención a tu **respiración**, mientras lo haces vas a **observar** las sensaciones de tu cuerpo, tus pensamientos, tus emociones y luego de que lo hagas hazte preguntas de autoconciencia como ¿qué me conduce a sentir irritabilidad, enojo, ira, tristeza?, ¿cómo reacciono y qué sensaciones tiene mi cuerpo cuando siento que alguien me hiere?, ¿qué me exaspera o provoca que pierda el control?, ¿qué necesito aprender o mejorar de esta experiencia? Una vez resueltas, vas a **proceder** con claridad y estar consciente de tus sentimientos.

2. Cambio de mentalidad: Una vez que has generado la claridad mental, entonces, puedes trabajar en un cambio de mentalidad que sea más positivo para así ampliar tu capacidad de acción ante situaciones difíciles.

La idea es que al cambiar tus actitudes mentales podrás aumentar tu capacidad de respuesta ante la adversidad. Estos cambios de mentalidad son las siguientes: de una mentalidad limitada a una de crecimiento, de una mentalidad de resistencia a una de aceptación, de una mentalidad de escasez a una de *gratitud*, habilidades claves que hasta el momento has podido adoptar o fortalecer con las herramientas antes mencionadas.

ESTO ES SOLO UN HASTA LUEGO

ESTO ES SOLO UN HASTA LUEGO

Hasta ahora en todo este proceso te he invitado y acompañado a realizar una confrontación personal, acto de amor que es retador porque reconocer lo que venimos siendo causa malestar e incomodidad; sin embargo, es un camino provechoso porque permite construir pilares sólidos para que logres una vida y, en la medida posible, sobrellevar momentos desafiantes.

Puedo decirte que me siento agradecida con Dios por haberme dado la oportunidad de darle sentido a mi vida y haber tenido la bendición de compartir contigo mi proceso.

Hoy he puesto en tus manos mi vida entera y lo que hasta ahora me ha ayudado a enfrentar una discapacidad sobrevenida de la que estoy segura muy pronto saldré danzando.

Recuerda...

*Vístete de fe, gratitud, amor por la vida
y valora esa nueva oportunidad*

VIVIR SIN LÍMITES *es bendecir tu pasado
y tener carácter
para trascender la adversidad*

¡Seguimos en contacto!

¡Bendiciones!

BIBLIOGRAFÍA

Manual Certificación Internacional de Neuro Coaching (Coaching Hub)
El secreto de la Felicidad (Deepak Chopra)

Diplomado de Inteligencia Emocional - (Aprende)
Mente millonaria (Luis Fernando Lavado, Fernando Sosa)

Estudio realizado en la Universidad de Oxford por Emmons y McCullough año 2003

Psicología de la emoción (Mariano Chóliz 2005)

Aviso legal

Esta es una obra escrita en su totalidad por **Abigail Contreras Macías.** lo cual exonera de cualquier asunto legal posterior a su publicación, a todos y cada uno de los profesionales independientes que intervinieron para convertirla en libro. Por consiguiente, el apoyo de estos profesionales no tiene que ver con el fondo ni con su contenido.

En sus libros, agendas, canal de YouTube, Podcast, artículos de revista, portales web, blog, conferencias, talleres, redes sociales y otros relacionados, **Abigail** ofrece este y otros materiales como recurso de información, entretenimiento y entrenamiento, porque su experiencia, estudios y trabajos le han brindado a resultados más que satisfactorios; por tanto, lo que hagas con el conocimiento que obtengas o generes por el uso de este y otros de sus materiales, es única y exclusivamente tu responsabilidad y, al seguir adelante y leer este documento, así lo aceptas.

Básicamente, tú eres responsable de tus actos y del uso que puedas hacer con los recursos que ofrece **Abigail Contreras Macías.** Dichos contenidos reflejan lo mejor de las recomendaciones posibles sobre su experiencia como ser humano y profesional. Sin embargo, no son garantía de éxito para tus iniciativas de cambio en tu vida privada o profesional, porque son muchos los factores que influyen en la efectividad de las recomendaciones personales, técnicas, conceptos e ideas.

La licencia de uso de este libro es para tu disfrute personal. Si deseas compartirlo, ten la amabilidad de adquirir una copia adicional para cada destinatario.

Made in the USA
Middletown, DE
14 October 2024